Samuel Pfeifer
Glaubensvergiftung – ein Mythos?

Samuel Pfeifer

Glaubensvergiftung – ein Mythos?

Analyse und Therapie religiöser Lebenskonflikte

Die Deutsche Bibliothek – CIP-Einheitsaufnahme

Pfeifer, Samuel:
Glaubensvergiftung – ein Mythos? : Analyse und Therapie
religiöser Lebenskonflikte / Samuel Pfeifer. – Moers :
Brendow, 1993
(Edition C : C ; 388)
ISBN 3-87067-519-5
NE: Edition C / C

ISBN 3-87067-519-5
Edition C, Reihe C 388
© 1993 by Brendow Verlag, D-47402 Moers
Einbandgestaltung: Kommunikationsdesign Michael Buttgereit,
Haltern am See
Printed in Germany

Meinen Eltern,
Rudolf und Marie Pfeifer,
die mir beides mitgaben:
Glauben und Werte,
aber auch
Offenheit und Freiheit.

Inhalt

Formen christlicher Erziehung und Verkündigung – Ethische Richtlinien – Seelische und christliche Reife

und soziale Aktion – Glaubenshilfe in
psychischen Krisen – Warum kann
Glaube notvoll werden?

Kapitel 1

Macht Gott krank?

Wenn Gott krank macht« – diese provozierende Überschrift in einer psychologischen Zeitschrift war eines von vielen Schlagwörtern, die mich herausgefordert haben, näher an die Frage heranzugehen, wie es denn steht mit der Beziehung zwischen Frömmigkeit und seelischer Krankheit. Nicht nur in katholischen, sondern auch in evangelischen und freikirchlichen Kreisen wurde das Thema zunehmend »heiß«. Psychische Krankheiten, so konnte man lesen, würden durch den bedrückenden Einfluß des Glaubens und der Kirche verursacht. Immer mehr Christen würden seelisch krank und müßten deshalb in eine psychiatrische Klinik gehen. Und immer wieder wurde der Eindruck erweckt, daß Menschen allein wegen ihres Glaubens oder aufgrund einer »krankmachenden« Verkündigung christlicher Lehren schwere psychische Erkrankungen entwickeln würden.

Da ist von »Gottesvergiftung«[1] die Rede und von »ekklesiogener Neurose«[2], vom »toxischen Glauben«[3] und von krankmachender Erziehung[4].

Angst und Depression durch den Glauben?

Als Psychiater und Psychotherapeut, aber auch als gläubiger Christ mußte ich kritisch und selbstkritisch fragen: Stimmt es, daß der Glaube krank macht? Haben Christen ein erhöhtes Risiko, wegen ihres Glaubens neurotisch zu werden? Sind gläubige Menschen mehr als andere gefährdet, unerfüllte sexuelle Bezie-

hungen zu haben? Und überhaupt: Wie steht es denn mit den
wissenschaftlichen Beweisen für die These der durch den Glauben oder die Kirche verursachten psychischen Störungen?

In meinen Gesprächen mit Patienten und Gesunden, mit Ärzten, Seelsorgern und »Laien« versuchte ich herauszufinden, wie
sie die Beziehung zwischen Glaube und Krankheit sahen. Was
meinen diejenigen eigentlich, die sagen: »Der Glaube macht mich
krank«? An meinem inneren Auge ziehen vielfältige Begegnungen
vorüber, die immer wieder in den Worten gipfelten: »Der Glaube
macht mich krank!«

– Die 19jährige Sekretärin mit den traurig-resignierten Augen, die
mir drei Jahre nach dem frühen Tod ihrer geliebten Mutter sagt:
»Mag sein, daß andere Gott spüren. Ich habe ihn nicht erlebt.
Früher habe ich an ihn geglaubt, habe die Bibel gelesen und gebe-
tet. Ich habe gedacht, daß er über mir wacht und mich liebt. Aber
warum hat er meine Gebete am Krankenbett meiner Mutter nicht
gehört? Warum hat er die Not meines Vaters nicht gesehen?
Wenn es Gott überhaupt gibt, dann hat er geschlafen! Ich kann
nichts mehr mit ihm anfangen! Ich will nichts mehr von Gott hören. Es wird mir fast schlecht dabei!«

– Der 28jährige Lehrer, der zunehmend unter Ängsten litt und
schließlich seinen Beruf aufgeben mußte. Schon von klein auf war
er ein sensibles Kind gewesen, ein Einzelgänger, der von andern
gehänselt wurde. Sein Vater war Vizedirektor einer Versicherung,
ein Mann, der sich wenig Zeit für seine Familie nahm. Seine beiden Geschwister konnten die Erwartungen der Eltern erfüllen, er
nicht. In seinem Elternhaus zählten Leistung und Erfolg; Religion
war etwas für die Schwachen. Erst später, an der Uni, kam er zum
Glauben. Doch die Angst ging nicht weg. Jetzt hatte er nicht nur
Angst vor den Prüfungen, die Angst überschattete auch sein
Christsein. »Ich erlebe Gott wie ein riesiges, bedrohliches Überwesen, dem ich schutz- und hilflos ausgeliefert bin. Er fordert
von mir Hingabe, Heiligung und Einsatz für ihn, aber ich fühle
mich wie ein verschnürtes Bündel ohne Arme und Beine! Der
Glaube macht mich krank.«

– Eine 35jährige ledige Frau, die in einer streng katholischen Familie aufgewachsen, später aber zum evangelischen Glauben übergetreten war. Schon während ihrer Ausbildung zur Krankenschwester war sie sehr sensibel gewesen und hatte immer Mühe mit dem Schlaf. Oft schleppt sie sich mit letzter Kraft zur Arbeit. Als vor kurzem ihr Vater starb, fiel sie in eine tiefe Depression. Immer stärker kreisten ihre Gedanken um ihren Glauben. War es richtig gewesen, die Konfession zu wechseln? Hatte sie damit nicht ihren Vater gekränkt? War sie dadurch nicht zur Außenseiterin in ihrer Familie geworden? »Die Gedanken drehen Tag und Nacht. Ich kann sie nicht abschalten. Jedes Bibelwort wirft neue Zweifel auf; Predigten kann ich keine mehr hören. Der Glaube macht mich krank!«

Manche Leser mögen einwenden, daß die Beispiele gar nicht wirklich »ekklesiogen« bedingt seien. Es handle sich vielleicht um Glaubenszweifel, um Projektionen oder schlichtweg um Erfahrungen, die nur entfernt mit einem wirklich religiösen Leben zu tun hätten. Doch die Menschen, die uns ihre Schwierigkeiten klagen, denken anders. Sie analysieren ihre Situation nicht aus einer distanzierten Perspektive. Sie erleben eine tiefe innere Zerrissenheit und Not, die auch mit ihrem Glauben zu tun hat. Und dann sagen sie uns eben: »Der Glaube macht mich krank!« Dies gilt es zuerst einmal anzunehmen, bevor wir dann in einem weiteren Schritt genauer hinterfragen wollen, was denn da wirklich krank gemacht hat.

Widersprüche

Es sind diese und viele andere Beispiele, die so manchen Arzt und Psychotherapeuten dazu gebracht haben, vom »krankmachenden Glauben« zu sprechen und zu schreiben. Schlagwörter entstehen nicht durch sorgfältiges Nachdenken und Analysieren, sondern durch innere Betroffenheit. Dabei darf man nicht vergessen, daß die Deutung religiöser Inhalte bei psychisch leidenden Menschen entscheidend von der persönlichen Haltung geprägt wird, die Therapeuten gegenüber dem Glauben haben.[5] Dennoch: Die obigen Beispiele machen in der Tat betroffen. Stimmt es also doch, daß der Glaube krank macht? Diese Frage läßt sich aufgrund der knappen Beispiele, die ich gegeben habe, noch nicht schlüssig beantworten. Sie geben nur das wieder, was in den knappen Skizzen Platz hat, setzen Schwerpunkte nur dort, wo sie etwas herausstreichen sollen.

Denn gleichermaßen ließen sich auch Beispiele anführen von übersensiblen Menschen, denen der Glaube entscheidenden Halt gibt; die durch den Glauben in ihrer Schwachheit, in ihren Ängsten und in ihrer Depression davor bewahrt werden, völlig in Hoffnungslosigkeit zu versinken. Es könnten Beispiele von der positiven Unterstützung durch die christliche Gemeinschaft gegeben werden, von der Annahme behinderter und leidender Menschen in kirchlichen Jugendgruppen und Hauskreisen. Schon die Psalmen geben uns einen tiefen Einblick in die tragende Kraft der Gottesbeziehung, auch in Zeiten psychischer und körperlicher Not, »wenn Leib und Seele verschmachten«. Und ich begegne tagtäglich gläubigen Menschen, die in gleicher Weise Halt finden in ihrem Glauben an Gott (vgl. auch Kapitel 6, S. 90).

Es muß also noch einen anderen Faktor geben, der es übersensiblen Menschen schwer macht, sich am Glauben zu halten und die Beziehung zu Gott als positiv zu empfinden. Wie erleben Menschen sich selbst und ihre Familie? Wie belastungsfähig sind sie in den vielfältigen Enttäuschungen, die zum Leben gehören? Wie können sie umgehen mit den Spannungsfeldern zwischen ihren inneren Wünschen und Trieben und den Grenzen, die ihnen von außen gesetzt werden? Welche Idealvorstellungen haben sie von Gott, vom Glauben und von gläubigen Menschen? Mit welcher Grundhaltung gehen sie durchs Leben – mit Angst, Schuld- und Minderwertigkeitsgefühlen oder mit Zuversicht, Vertrauen und einer guten Portion Durchsetzungsvermögen? Welchen Einfluß haben die Eltern auf sie? Und wie ist es möglich, daß in ein und derselben Familie nur ein Kind die Erziehung als bedrückend erlebt, während die andern ihren Weg mit den Eltern finden, ohne sich ständig an ihren Erziehungsmustern zu reiben? Welches sind die Unterschiede im Lebensstil derjenigen Menschen, die am Glauben leiden, und derjenigen, die den Glauben als Stütze empfinden? Um es auf den Punkt zu bringen: *Ist es wirklich der Glaube, der ansonsten gesunde, belastungsfähige und zuversichtliche Menschen krank macht? Oder sind es kranke, übersensible, »neurotische« Menschen, die an sich selbst, an ihrer Familie und an ihrem Glauben leiden?*[26] *Oder spielt beides zusammen?*

Forschung oder Betroffenheit?

Alle diese Fragen werden selten gestellt in den Büchern und Fachartikeln, die sich mit der Frage nach dem »krankmachenden Glauben« beschäftigen. Vielmehr erwecken sie den Anschein wissenschaftlicher Seriosität. Der Begriff der »ekklesiogenen Neurose« hat seinen festen Platz im Vokabular von Therapeuten und Theologen, ohne daß der Begriff wissenschaftlich hinterfragt wird. So machte ich mich daran, die vorliegende Literatur einmal gründlich durchzusehen.

Die Ergebnisse meiner Recherchen haben mich ernüchtert. Hatte ich zu Beginn noch geglaubt, die Behauptungen vom »krankmachenden« Glauben stünden zumindest in der Fachliteratur auf festem wissenschaftlichem Grund, so wurde ich enttäuscht. Vielmehr wird man hineingeführt in die Niederungen der menschlichen Neigung, für jedes schwer erklärbare Phänomen eine einfache Erklärung zu finden. Immer wieder trifft man auf ein verkürztes »Weil-Darum«-Denken, oder um es fachlich auszudrücken, eine Neigung zu mangelhaft fundierten und verengten Kausalattributionen. In vielen Veröffentlichungen zum Thema spürte man das persönliche Ringen des Autors mit seiner eigenen seelischen Not. Oft wurde die Auseinandersetzung mit Eltern und Kirche, ja letztlich mit den Widersprüchen in sich selbst spürbar. Doch solche Betroffenheit trägt in sich die Gefahr, zu verallgemeinern und die Perspektive zu verlieren.

Die wissenschaftliche Literatur läßt sich unterteilen in *»Betroffenheitsliteratur«* und in *»Forschungsliteratur«*. Die Betroffenheitsliteratur geht von Beispielen aus und verzichtet weitgehend

auf kontrollierte Vergleiche mit anderen Patienten und Problem-
konstellationen. Die Forschungsliteratur hingegen versucht mit
klar definierten Instrumenten (Diagnostik, Fragebogen) eine
größere Gruppe von Versuchspersonen bzw. Patienten zu untersuchen und daraus Schlußfolgerungen zu ziehen. Während in der
Betroffenheitsliteratur nur die Probleme der Menschen ausführ-
lich dargestellt werden, die an ihrem Glauben leiden, versucht die
Forschungsliteratur auch mit denjenigen zu sprechen, die zwar
ein ähnliches Problem haben (z.B. eine neurotische Depression
oder ein Angstsyndrom), aber nicht in Konflikt mit ihrem Glauben kommen. Sie versucht, unvoreingenommen die Beziehung
zwischen Glaube und Lebensbewältigung, zwischen Religiosität
und psychischer Gesundheit zu untersuchen.

Positive Auswirkungen des Glaubens
auf die psychische Gesundheit

Als Beispiel für eine seriöse wissenschaftliche Forschung sei eine
Studie zitiert, die alle Artikel untersuchte, die während 12 Jahren in zwei der wichtigsten psychiatrischen Fachzeitschriften
veröffentlicht wurden.[7] Unter den Tausenden von Fachartikeln
fanden sich gerade 35 Arbeiten, die in irgendeiner Weise eine
Beziehung zwischen Religiosität und psychischer Gesundheit
untersuchten. Insgesamt wurden in den 35 Arbeiten 139 wissenschaftliche Beschreibungen von Religiosität angewendet, jedoch
nur in 50 Messungen konsequent untersucht. Erwartet hatten
die Autoren häufig keinen oder einen negativen Einfluß der Religiosität auf die psychische Gesundheit. Doch die Resultate
ergaben 36mal eine positive Beziehung zwischen Glaube und
seelischer Gesundheit, achtmal eine negative Korrelation und
sechsmal keine Auswirkung auf die seelische Gesundheit. Ver-
einfacht läßt sich also sagen: Dort, wo der Einfluß des Glaubens
auf die psychische Gesundheit seriös wissenschaftlich untersucht
wurde, ergab sich *viermal häufiger eine positive Beziehung als
eine negative*.

Einen negativen Bezug zwischen Glaube und psychischem Zustand zeigten am ehesten Menschen, die mit der Frage nach dem Lebenssinn und nach ihren ethischen Leitlinien rangen (also im Bereich der Sinnfragen). Wie läßt sich das erklären? Während einer psychischen Krise kann die Frage nach dem Sinn oft quälend werden. Dies ist insbesondere bei denjenigen Menschen der Fall, die äußerlich (extrinsisch) zwar an christlich-ethische Leitlinien glauben, aber nicht mit Überzeugung nach diesen leben und nicht in eine Gemeinschaft eingebettet sind.

Die Studie steht im Einklang mit früheren Übersichtsstudien[8], die ebenfalls ein deutliches Überwiegen positiver Befunde feststellten, wenn es darum ging, den Einfluß der Religiosität auf die Gesundheit zu messen. Dabei wurde eine interessante Beobachtung gemacht[9]: Es besteht ein Unterschied zwischen »gesunden« Versuchspersonen und wirklich kranken und leidenden Menschen. Die sogenannten »Gesunden« (oftmals jüngere Universitätsstudenten) litten vielleicht an *leichteren* Ängsten und kurzdauernden depressiven Verstimmungen und neigten eher dazu, Sinn- und Glaubensfragen konflikthaft zu verarbeiten. Diese Spannung kann man bei einer weiten Begriffsfassung als »neurotisch« bezeichnen. Doch insgesamt funktionierten sie gut und waren in der Lage, ein anspruchsvolles Studium zu meistern. Für viele religiöse Studenten ist der Glaube ein äußerlich bejahter Glaube, der aber den Härtetest persönlicher Krisen noch kaum zu bestehen hatte. Anders bei klinisch kranken »neurotischen« Menschen, die an ausgeprägten Depressionen und Ängsten litten, die eine Therapie oder sogar eine Hospitalisation nötig machten. Diese Menschen hatten sich mit den Nöten von Verzweiflung, seelischem Dunkel, tiefer Angst und invalidisierender Schwachheit existentiell auseinanderzusetzen. Für sie war Glaube nicht einfach ein äußeres Für-wahr-Halten. Sie konnten ihre Not wiederfinden in den Psalmen Davids und in den Klageliedern Jeremias.[10] Sie fanden Trost in kirchlichen Liedern und in der persönlichen Seelsorge. Sie wußten den Wert christlicher Gemeinschaft zu schätzen und schöpften daraus immer neue Hoffnung und neue Kraft, auch in ihren Grenzen. Somit ergaben sich folgende Tendenzen:

- Menschen mit schweren seelischen Nöten machten eher positive Erfahrungen mit dem Glauben.
- Versuchspersonen, die an leichteren Störungen litten, zeigten eher mehr Konflikte mit dem Glauben.
- Einzelfälle ergeben ein negativeres Bild als ein Gesamtüberblick.

Wie kommt es denn nun zu dem offensichtlichen Auseinanderklaffen zwischen diesen wissenschaftlichen Befunden und den Aussagen einzelner Patienten und ihrer Psychotherapeuten? Warum wird so oft vom »krankmachenden Glauben« geredet, von der Einengung durch Kirchen und religiöse Gemeinschaften?

Hier einige erste Hinweise: Wenn Ärzte und Therapeuten mit den Nöten gläubiger Menschen in Berührung kommen, so hören sie in ihrer Sprechstunde so manches schwere Lebensschicksal. *Nicht immer ist es dem gläubigen Menschen gelungen, sein Leben so zu gestalten, wie er es sich erhofft hätte oder wie es den Idealen seiner Gemeinde entsprechen würde. Therapeuten hören oft auch schwere Erlebnisse aus der Kindheit und Jugend. Auch da gilt: Nicht immer ist es gläubigen Eltern gelungen, ihren Glauben in der Erziehung so umzusetzen, wie es den Bedürfnissen ihres Kindes entsprochen hätte.*

Die Menschen, die uns ihre Ängste, Zwänge und Depressionen anvertrauen, die uns als schwermütige und skrupulöse Christen erscheinen, die leiden an sich selbst und ihren Hemmungen – diese Menschen sind nicht nur Betroffene, sondern sie sind auch Eltern und haben selbst wieder Kinder. Und nicht selten ist es ihnen als Eltern eine Not, daß sie sich außerstande fühlen, ihren Kindern die Liebe und Geborgenheit zu geben, die sie ihnen eigentlich geben möchten.

Der Familienhintergrund

Der Familienhintergrund läßt uns oft besser verstehen, wodurch ein Mensch geprägt wurde. Die Erzählungen aus der Jugendzeit sind dabei immer durch das persönliche Erleben des einzelnen geprägt. Die gleiche Familie kann von den verschiedenen Geschwistern sehr unterschiedlich empfunden werden. Immer wieder frage ich bei Berichten über eine schwierige Jugend nach, wie die anderen Geschwister die Situation erlebt hätten. Oft ergeben sich dabei ausgeprägte Unterschiede, gerade auch, was die christliche Erziehung oder das Leiden an Schuld- und Angstgefühlen betrifft. Dabei gilt es natürlich klar abzugrenzen von offensichtlicher Vernachlässigung oder Mißhandlung durch die Eltern, von dem Streß einer Scheidung oder den dauernden Belastungen durch alkoholkranke Eltern. Daß eine solche äußere Dauerbelastung ihre emotionalen Spuren hinterläßt, ist für jeden nachfühlbar, obwohl auch hier die sensiblen Kinder mehr leiden als ihre robusteren Geschwister. Doch in den meisten Fällen, bei denen die Rede von einer »krankmachenden« Erziehung ist, haben die Eltern versucht, ihren Kindern das Beste zu geben, mit allen Grenzen und Schwierigkeiten, die es in einer normalen Familie gibt.

Da erzählt Frau Isolde O. von ihren entbehrungsreichen Kindheitsjahren nach dem zweiten Weltkrieg. Sie war die zweitälteste von fünf Kindern eines kaufmännischen Angestellten. Die Mutter litt an Ängsten und Erschöpfung, so daß sie nicht selber einkaufen ging und die beiden älteren Töchter schon früh im Haushalt mithelfen mußten. Die Familie besuchte eine christliche Gemeinschaft und versuchte, alles von den Kindern fernzuhalten, das ihnen und ihrem Glaubensleben hätte schaden können. Alles war verboten: Kino und Comics, Fernsehen und Tanzen. Während sich die ältere Schwester über Verbote hinwegsetzte und ihr eigenes Leben führte, paßte sich Isolde O. an. Und doch blieb der Glaube oberflächlich, ein Müssen ohne eigene Überzeugung. Sie lebte in der inneren Rebellion gegen die Einschränkungen und paßte sich äußerlich an. Später sagte sie: »Ich führte ein Leben in der Diskrepanz zwischen dem, was ich gerne getan hätte und gar nicht als verboten ansah, und dem, was verboten war, was Angst und ein schlechtes Gewissen erzeugte, was man nicht genießen durfte, woran man sich nicht freuen durfte. Meine Schwester war einfach robuster. Die hat das alles nicht so ernst genommen.«

Diesen Eltern ist es offenbar nicht gelungen, ihren Kindern den inneren Gehalt des Glaubens zu vermitteln, den Sinn des Verzichts auf »weltliche Vergnügungen« klarzumachen und diesen Mangel mit anderen Werten auszufüllen. Doch andere Kinder sind auch in ärmlichen Verhältnissen und ohne Fernsehen aufgewachsen, ohne später unter diesem Verzicht zu leiden.

So mag der familiäre Hintergrund manches dazu beitragen, einen Menschen besser zu verstehen, ohne daß er uns letztlich erklärt, warum die einen eine gesunde Entwicklung machen und andere in übermäßige Sensibilität verfallen, die sie am Leben und am Glauben leiden läßt.

Sind die Eltern schuld?

Man macht es sich zu einfach, wenn man den Eltern die Schuld am neurotischen Leiden ihrer Kinder zuschiebt. In meiner Sprechstunde sehe ich nicht selten auch die Eltern von Menschen, die an psychischen Nöten leiden. Dabei ergibt sich oft das Bild eines Kindes, das schon früh ängstlicher als seine Geschwister war, Ermahnungen nicht annehmen und sich nicht in die Familie einordnen konnte. Seine schwierige Art erforderte mehr Zurechtweisungen, die es dann wieder als Zeichen wertete, daß die Eltern es nicht gern hätten. In meinen Gesprächen mit Eltern empfinde ich oft ein ebenso großes Leiden wie beim Kind, ein Leiden daran, daß es keine ideale Erziehung gibt, selbst, wenn man versucht, dem Kind das Beste zu geben.

Doch es gibt auch *andere Beweggründe*, eine christliche Erziehung als »krankmachend« zu erleben. Mancher, der über Einengung durch den Glauben klagt, hat Mühe mit dem Spannungsfeld zwischen seinen Wünschen und Trieben und gesellschaftlichen Regeln. So klagte mir ein junger Mann, der in etwas ungeschickter Weise Kontakt zu einem Mädchen suchte: »Letzthin lud ich eine Arbeitskollegin zum Essen ein. Es war ein netter Abend. Eigentlich hätte ich Lust gehabt, mit ihr zu schlafen. Doch als ich sie aufs Zimmer nehmen wollte, sagte sie, sie wolle nichts mit mir haben; ich solle sie nach Hause fahren. Nicht mal einen Kuß wollte sie mir geben! Ich habe mich so geärgert! Am liebsten wäre ich in eine Disko gegangen und hätte mich an irgendeine andere rangemacht. Aber dann hatte ich ein schlechtes Gewissen. Ich bin in einer christlichen Familie aufgewachsen und möchte ja Christ sein. Aber so macht mich der Glaube krank!« Spannungen dieser Art können auch ganz ohne Glauben auftreten, wo ein junger Mann die Freiheit eines Mädchens zu respektieren hat. Hier verursachte nicht der Glaube »krankhafte« Spannung, sondern die Unreife im Umgang mit seiner Sexualität. Hier zeigt sich auch, daß das Gewissen, so unangenehm es in seinem »Verbieten« ist, einen Menschen davor bewahren kann, etwas zu tun, was er später bereuen würde. Jeder Mensch, ob er nun religiös sei oder nicht, wird in manchen Situationen in ein Spannungsfeld zu seinem Gewissen kommen. Je sensibler er ist, desto stärker wird er darunter leiden.

Verkündigung nicht immer hilfreich

Die Verkündigung in christlichen Gemeinden ist allerdings nicht immer hilfreich und kann übersensible Menschen zusätzlich belasten. Gerade dort, wo ernsthaft leidenden Menschen nicht das nötige Verständnis entgegengebracht wird, kann die Verkündigung lieblos, ja erschwerend für die Bewältigung ihrer Nöte werden. Zwei Beispiele sollen dies verdeutlichen:

Ein bekannter charismatischer Prediger behauptet, Depressionen seien »ein direktes Werk dämonischer Kräfte«.[11] Der Kranke sei selbst verantwortlich für sein »Leben voll von Stolz und Selbstmitleid und latenten Beherrschungswünschen« (hier wird trotz des biblischen Mantels ein psychoanalytischer Ansatz spürbar) und müsse sich willentlich davon lösen. Diese Lehre wird denn auch in manchen Gemeinden konsequent auf die »Seelsorge« angewendet. Mir sind mehrere Fälle von depressiven Menschen bekannt, die durch »Gebete um Befreiung« zusätzlich unter Druck kamen. Hier wird »befreiende« Seelsorge zur belastenden

Seelsorge. Sie führt bei Betroffenen zu einer unnötigen Fixierung auf dämonische Kräfte, denen sie sich hilflos ausgeliefert fühlen. Gerade wenn eine Freibetung nicht den erwünschten Erfolg gebracht hat, quälen sich die Betroffenen mit zusätzlichen geistlichen Selbstvorwürfen und können um so mehr am Glauben verzweifeln.[12] Dennoch muß um der wissenschaftlichen Redlichkeit willen wieder unterschieden werden zwischen der *Ursache* der Depression, die nicht im religiösen Bereich liegt[13], und der *religiösen Verstärkung* der Störung durch eine unsachgemäße Seelsorge.

Das zweite Beispiel zeigt, wie die Suche nach Sinn in einer Krise zu seelischen Spannungen führen kann. Es hat nicht direkt mit Verkündigung von der Kanzel zu tun, sehr wohl aber mit einem engen Gemeindeverständnis. Eine Frau in den mittleren Jahren besucht einen überkonfessionellen Hauskreis und verletzt dadurch die ungeschriebenen Regeln ihrer Gemeinschaft. Eines Tages stirbt ihr 16jähriger Sohn nach kurzer Krankheitszeit an Leukämie. Eine schwere Depression ist die Folge. Im Bemühen, einen geistlichen Sinn zu finden, stellt ihr eine andere Frau die Frage: »Könnte dies nicht eine Mahnung Gottes sein, weil du nicht mehr treu und ungeteilt in die Stunden gekommen bist?« In der Folge fühlt sie sich noch weiter abgelehnt und grübelt ständig über ihre mögliche Schuld am Tod ihres Sohnes nach. Erst mit der Aufhellung der Depression konnte sie wieder klarer erkennen, daß die Unfaßbarkeit des menschlichen Leidens, aber auch die Liebe Gottes nicht davon abhängig war, welchen Hauskreis sie besuchte.

In diesen Beispielen hat eine triumphalistische Heilungsdoktrin (Beispiel 1) bzw. eine gesetzliche Frömmigkeit (Beispiel 2) eine bestehende Depression noch kompliziert. Ähnliche Beispiele könnten aus vielen Gemeinden berichtet werden, die durch eine enge Verkündigung oder Tradition geprägt werden.

Oftmals sind es noch subtilere Ängste, die den Sensiblen das Leben schwer machen: Die Angst, bei der Wiederkunft Jesu zurückzubleiben, weil man vielleicht einen schlechten Gedanken nicht sofort bekannt hatte; die Angst, von Gott gestraft zu werden, weil man Empfängnisverhütung betreibt; oder das Leiden daran, daß man nicht wie andere eine heile, »christliche« Familie hat, wie sie in der Gemeinde gepredigt wird.

Neurose und Religiosität

Nun gibt es aber auch gläubige Menschen, die an seelischen und vegetativen Problemen leiden, die primär nichts mit ihrem Glauben zu tun haben. Erst der Versuch, sie aus biblischer Sicht zu verstehen, führt zu einer christlichen Prägung in der Verarbeitung. »Was will mir Gott durch meine Magenkrämpfe sagen?« »Welche Schuld der Vorfahren läßt mich schlaflos werden?« »Bin ich sexuell deshalb so verkrampft, weil ich vor der Ehe schon einmal mit einem Freund geschlafen habe?«

Dennoch ziehen manche Therapeuten den Schluß: *Weil* ein Mensch in einem christlichen Elternhaus aufgewachsen ist, *darum* ist er seelisch erkrankt. *Weil* er die Regeln und die Enge seiner Gemeinde nicht tragen konnte, *darum* leidet er an Ängsten und Hemmungen. Diesem vereinfachten »*Weil-Darum*«-*Denken* von Betroffenen und Therapeuten muß ich aus der klinischen Erfahrung deutlich widersprechen.

Als Beispiel möchte ich das Erleben einer Frau aus jüdisch-orthodoxer Tradition anführen. In einer Zeit der Depression empfand sie die vielen Regeln zur Einhaltung der Speisegebote und des Sabbaths als zunehmende Belastung. Es wäre einfach gewesen zu sagen: »Werfen Sie doch alle ihre Gesetze über Bord und leben Sie ein befreites Leben! Ihre Probleme kommen von der Gesetzlichkeit der jüdischen Lehre!« Doch als sie sich wieder erholt hatte, sagte sie mir: »Jetzt kann ich mich wieder auf das Laubhüttenfest freuen. Ich habe wieder die Kraft, alle Vorbereitungen zu treffen. Ich freue mich auf die Gäste, die mit uns feiern werden, und darauf, meinen Kindern etwas von der Schönheit und Freude unseres jüdischen Glaubens weiterzugeben.« In ihrem Fall war es also nicht die Gesetzlichkeit, sondern die Erschöpfung in der Depression, die ihr das Einhalten der Gesetze zur Bürde machte.

Schon aus diesen wenigen Beispielen wird klar: Die Depressionen, Ängste und Zweifel sensibler (oder neurotischer) Menschen bleiben nicht ohne Auswirkungen auf ihr Glaubensleben, doch gilt es die Hintergründe näher auszuleuchten.

Wenn ich im folgenden die Begriffe »Neurose« und »Religiosität« verwende, so bedürfen diese Begriffe einer Erläuterung. Denn beide Begriffe sind nicht unumstritten. Beide beschreiben wichtige Bereiche menschlichen Erlebens und Verhaltens, im innerseelischen und im zwischenmenschlichen Bereich. Und der Begriff der Religiosität geht noch darüber hinaus: er beschreibt auch eine geistliche Dimension des menschlichen Daseins.

Auf den folgenden Seiten habe ich es mir nun zur Aufgabe gemacht, Klischees zu hinterfragen und Begriffe zu klären. Ich möchte versuchen, die Komplexität der Problematik didaktisch aufzugliedern und den Leser zu einem multidimensionalen Denken anzuregen. Und schließlich soll auch der Versuch unternommen werden, Hinweise zur Begleitung und Therapie von Menschen zu geben, deren Persönlichkeitsproblematik sich im Glaubensbereich ausdrückt.

Ich habe bewußt versucht, verständlich zu schreiben. Naturgemäß werden manche Kapitel aber etwas anspruchsvoller sein. Insbesondere bei der Übersicht über die Literatur zur Thematik ist eine wissenschaftliche Bearbeitung unerläßlich.

Eine Streitschrift

Ich verstehe dieses Buch aber auch als eine Streitschrift und entschuldige mich nicht dafür. Denn das unqualifizierte Reden von der »ekklesiogenen Neurose« hat vielen Menschen in ihrer Not Unrecht getan, die Ursachenzuschreibung verlagert und umfassende Hilfe verhindert. Ich erhebe meine Stimme für diejenigen, die sich selbst nicht zu wehren wagen;
– für die ungezählten neurotischen Menschen, die ihre Nöte zu Therapeuten gebracht haben, und sich von diesen in ihrem Glauben nicht verstanden fühlten, ja abgelehnt wurden;

– für diejenigen, denen man Steine statt Brot gab, humanistische Therapiekonzepte der Selbstverwirklichung ohne Bezug zu ihrem Glauben;

– für diejenigen, die durch diese Gespräche tiefer hineingerieten in ihre Zweifel und fixiert wurden auf vermeintliche religiöse Ursachen ihrer Ängste und Depressionen;

– für diejenigen, denen Seelsorger rasche und vorschnelle Antworten aus ihrem reichen Bibelzitatenschatz gaben, ohne sie in ihrem Leiden ernst zu nehmen; die einseitige Seelsorgestrategien anwendeten, ohne praktische Hilfe zu geben;

– für diejenigen, die beschwert sind von den gesetzlichen Regeln und Auflagen, die ihnen in ihren Gemeinden gemacht werden;

– für diejenigen, die Mühe haben, ihre Grenzen und ihre Schwachheit anzunehmen, die immer wieder sich selbst die Schuld geben oder die Ursachen suchen bei ihren Eltern, bei ihrem Glauben und bei ihrer Kirche oder Gemeinde;

– aber auch für diejenigen, die allzu leicht dazu neigen, die Verantwortung für ihr Denken und Handeln auf ihre christliche Erziehung zurückzuführen, oder ihre eigenen Schwierigkeiten auf Gott zu projizieren.

Kein Schema

Aus meiner ärztlichen Erfahrung in Klinik und Praxis kann ich den simplen Satz: »Religion macht krank« so nicht bestätigen. In der Sprechstunde sehe ich sowohl gläubige als auch säkular geprägte Menschen, die mir ihre Ängste, Zwänge und Depressionen anvertrauen. Und immer wieder wird ein existentielles Leiden spürbar, das man nicht in ein einfaches Schema pressen kann. Schmerzliche Erfahrungen in Kindheit und Jugend, unerfüllte Wünsche und Sehnsüchte, harte Schicksalsschläge, schwierige Beziehungen und Enttäuschungen durch andere Menschen, körperliche Krankheit oder eine schwache Konstitution – all das kann schließlich bei übersensiblen Menschen zu einer seelischen Krise, zu einem psychosomatischen Zusammenbruch oder eben zu einer längerdauernden Neurose führen. *Der Glaube kann, muß aber nicht eine Rolle spielen.* In jedem Fall ist er nicht der einzige Faktor, sondern Teil in einem komplexen Wechselspiel innerseelischer und zwischenmenschlicher Vorgänge.

Ich bin mir bewußt, daß manche Aussagen nicht nur nachdenklich stimmen, sondern auch provozierend wirken können. Insbesondere kann das persönliche Erleben eines Menschen im Spannungsfeld von Neurose und Glaube so intensiv sein, daß es ihm schwerfällt, seine Erfahrungen und seine Erklärungsmuster kritisch zu hinterfragen.

Ich möchte Sie ermutigen, das Buch dennoch nicht aus der Hand zu legen, sondern sich den anstehenden Fragen zu stellen. Es ist meine Hoffnung, daß Sie dadurch eine differenzierte Sicht entwickeln können, die beides ermöglicht: einen reifen persönlichen Glauben und eine erweiterte Sicht des menschlichen Daseins in einer unvollkommenen Welt.

Anmerkungen

1 Moser 1976
2 Schaetzing 1955
3 Arterburn and Felton 1991
4 Ringel 1986
5 Die Problematik wird diskutiert bei Houts und Graham 1986 und bei Worthington 1988.
6 vgl. dazu Meissner 1991 und Hark 1982
7 Larson et al. 1992
8 Bergin 1983, Spilka 1989, Gartner et al. 1991
9 Gartner et al. 1991
10 vgl. dazu Mumford 1992
11 Margies 1988, S. 177, 218
12 vgl. dazu Pfeifer 1987
13 vgl. dazu S. Pfeifer (1988), *Die Schwachen tragen*, S. 95-127

Kapitel 2

Ekklesiogene Neurosen – ein fragwürdiger Begriff

»Aus eigener Praxis ist mir die Lebensgeschichte eines sehr frommen dreißigjährigen Homosexuellen bekannt, dem von einem geistig wohl etwas minderbemittelten Fanatiker mit jener tendenziösen Bibelexegese das Bild seiner konfessionell entgegengesetzt gebundenen Mutter völlig verballhornisiert worden war. Gerade weil er seine Mutter im Unbewußten – das heißt hier: im Herzen – ganz natürlich liebte, konnte er den ihm dogmatisch vermittelten Eindruck ihres ›Ketzer-Glaubens‹ nicht anders einordnen, denn in einem abstrusen Mißtrauen, das sich bis zum bösen Mutterhaß steigerte. In neurotischer Verallgemeinerung jener ekklesiogen erworbenen Fehlhaltung konnte er niemals den Weg zum anderen Geschlecht finden« (Schaetzing, 1955).

M it diesem sehr persönlich gefärbten Bericht aus der Praxis eines Berliner Gynäkologen wurde 1955 ein neuer Begriff geschaffen, die »ekklesiogene Neurose«. Der Artikel des Dr. Eberhard Schaetzing[1] wurde zum emotionalen Aufschrei eines Arztes, der an den vielfältigen Lebensschicksalen litt, die ihm in der Sprechstunde begegneten. Frigidität und Impotenz, Homosexualität und Selbstbefriedigung plagten die Frauen und Männer, die gleichzeitig versuchten, ihr Leben nach christlichen Leitlinien zu gestalten. Er beklagte die mangelhafte Aufklärung und Ehevorbereitung. Das Verbot vorehelichen Geschlechtsverkehrs durch »Dogmatisten« führe dazu, daß junge Menschen sich verpflichtet fühlten, sich zu verheiraten, obwohl sie dazu nicht bereit seien. »Manch feinnerviger Jüngling, der auf die üble Suggestion der so maßlos übertriebenen Onaniefolgen hereingefallen ist, versagt als Ehemann mit vorzeitigem Samenerguß bis zur totalen Impotenz mehr oder weniger vollkommen.«

Leiden an der Sexualität

Obwohl Dr. Schaetzing darum rang, gelang es ihm nicht, klare Zusammenhänge zwischen religiöser Ursache und neurotischer Störung herauszuarbeiten. Vielmehr bleibt der Eindruck einer sehr einseitigen Sicht der Entstehung sexueller Störungen. Es scheint, als hätte Schaetzing in seinem Leiden an Einzelschicksalen vollends die Brille der neurotischen Patienten und Patientinnen übernommen, deren Unreife und deren Verdrängen eigener Verantwortung in der sexuellen Entwicklung. Den wilden Rundumschlag gegen das von ihm hochstilisierte Sittendrama im Nachkriegs-Berlin bezeichnet er selbst als »bewußt scharf formulierte Abrechnung mit dem wohl niemals ganz aussterbenden pharisäischen Muckertum« (S. 105).

Erst gegen Schluß seines Artikels findet er wieder zu einer größeren Distanz, enttäuscht aber all diejenigen, die nun endlich auf eine frauenärztliche Lösung der »ekklesiogenen« Probleme gehofft hatten: »Freilich gehört hierzu eine gewisse Lebenserfahrung. Auch gibt es kein psychologisches oder sonstiges Kuchenrezept, wie die Jugend die genannte Kluft zwischen Sexus und Gesellschaft überspringen kann, sondern jede Generation muß sich zur Läuterung und zur Erkenntnis des echten Christentums hindurchleben« (S. 107). Hierin können wir ihm nur zustimmen.

Noch im gleichen Jahr mahnte der bekannte Pastoralpsychologe und Eheberater seiner Zeit, Dr. Theodor Bovet[2], zur Vorsicht, sexuelle Störungen unreflektiert auf die Religiosität eines Menschen zurückzuführen. Er wies insbesondere darauf hin, daß die für sexuelle Störungen maßgebenden Faktoren von der herrschenden Moral weitgehend unabhängig seien. In jedem Fall sei auch die bestehende neurotische Disposition zu berücksichtigen.

Dabei gebe es durchaus die Möglichkeit, daß eine engherzige moralisierende Erziehung bei neurotisch disponierten Menschen eher zu einer manifesten Neurose führe als in einem gesunden Milieu.

Leiden fast alle Pfarrer an einer Neurose?

Der Begriff der »Ekklesiogenen Neurose« wurde weiter entwickelt von dem Berliner Arzt und Theologen Dr. Klaus Thomas. Geprägt wurde er von zwei Strömungen, nämlich vom Autogenen Training seines Lehrers J.H. Schultz und von der orthodoxen Psychoanalyse, wobei er eine eigene Sichtweise der Zusammenhänge zwischen seelischen Störungen und Sexualität entwickelte.

Thomas begründete die »Ärztliche Lebensmüden-Betreuung«, eine kirchliche Krisen-Beratungsstelle, deren Angebote besonders häufig von Menschen wahrgenommen wurden, die selbst im kirchlichen Dienst standen und sich ein besseres Verständnis ihrer psychischen Störungen auf dem Hintergrund von Glaube und Psychologie erhofften.

Seine Erfahrungen hat Thomas in einem großen »Handbuch der Selbstmordverhütung«[3] niedergeschrieben. In einem speziellen Kapitel[4] beschäftigte er sich mit den sogenannten »ekklesiogenen« Neurosen. Illustriert werden diese nicht nur durch viele Beispiele, sondern auch durch vordergründig eindrückliche Statistiken.

Eine genauere Untersuchung wirft allerdings ernste Fragen in bezug auf die Verwendung des Begriffes auf. So berichtet Thomas, er habe auf seinen Vortragsreisen in über 100 Pfarrhäusern gewohnt. Seine Einschätzung der Gastgeber[5]: »In 90 Prozent herrschten schwere Konfliktsituationen, in 75 Prozent ›ekklesiogene‹ Neurosen.« Eine derart hohe Rate einer spezifischen Störung wirft doch die Frage auf, ob hier nicht gewöhnliche Alltagsschwierigkeiten allzu schnell als krankhaft bezeichnet werden.

Die Ursachen »ekklesiogener« Neurosen ortet er (wie sein Kollege Schaetzing) in einer »engen, gesetzlichen und leibfeind-

lichen Erziehung, die besonders in den Fragen der Geschlechtlichkeit von dem Grundsatz des Tabuisierens ausgeht«. Und er
fährt fort: »Eine der vielfältigsten Möglichkeiten der Ursachen
der ›ekklesiogenen‹ Neurose liegt in dem ›Tabu‹ der Unwissen-
heit, die mit gewaltsamem Verschweigen und Verbieten gezüchtet
und gefördert wird.«

In den Beispielen konzentriert sich Thomas meist auf die be-
rufliche Funktion (»kirchliche Amtsträger«), den religiösen Hintergrund der Eltern (»Pietisten«, »Pfarrer«) und auf die sexuelle
Funktion der Betroffenen.

Hingegen vermißt man eine umfassende Beschreibung der allgemeinen Lebenssituation und der aktuellen Streßfaktoren, die an
dem Krisengeschehen beteiligt sind. Thomas scheint zwischen
zwei Welten hin- und herzuschwanken: Einerseits spürt man eine
aufrichtige Wertschätzung des einzelnen und des Glaubens als
tragende Grundhaltung.[6] Andererseits bedient er sich einer ver-
kürzten Etikettierung vieler psychischer Krisen und fast jeder Sexualstörung bei religiösen Menschen als »ekklesiogene« Störung.
Während der Text immer wieder eine mitmenschliche und ein-
fühlsame Grundhaltung durchscheinen läßt, bleiben dem Leser
vor allem die pauschalisierenden Formulierungen und die einseitigen psychoanalytischen Beschreibungen von komplexen Lebensschicksalen. Sein Neurosenbegriff läßt sich mit der heutigen
Diagnostik nicht in Einklang bringen, vermischt er doch reaktive
Störungen kurzer Dauer, Persönlichkeitsstörungen, Sexualprobleme und schwere Erkrankungen. Immer wieder wird das sehr selektive Patientengut deutlich. So »waren fast 90 Prozent der Per-
versen kirchliche Amtsträger, größtenteils Pfarrer«.

Es muß hier bei aller Kritik aber auch angemerkt werden, daß
Thomas nicht nur klassifizierte, sondern gleichzeitig auch eine
tiefe Wertschätzung für diejenigen Pfarrer aussprach, die an neurotischen Störungen leiden. So schreibt er[7]: »Diese Pfarrer sind
für ihren Beruf besonders geeignet durch die Tiefe und Echtheit
ihres Glaubenslebens sowie durch die vielen Leiden und Kämpfe
im Zusammenhang mit ihrer Krankheit. Neurotiker und Lebens-
müde sind wegen ihrer feinen Empfindsamkeit meist überdurch-

schnittlich begabte und besonders wertvolle Menschen, nicht aber, wie vielfach irrig angenommen wird, relative minderwertige oder für Leben und Dienst untaugliche Menschen.«

Sexuelle Abartigkeit durch den Glauben?

Besonders beeindruckt ist Thomas von den Extrembeispielen sexueller Abartigkeit, die ihm in der Beratung begegneten. Da die Betroffenen oft einen kirchlichen Beruf ausübten, erlebten sie und ihre Angehörigen die Problematik besonders notvoll. Gleichzeitig sind ähnliche Fälle bei säkularen Patienten sattsam bekannt. Dabei handelt es sich um tragische Einzelschicksale, die sicher auch z.T. lebensgeschichtliche Zusammenhänge aufweisen. In der gerafften Darstellungsform lassen sie aber nicht einfach auf eine »ekklesiogene« Entstehung rückschließen.

Die Tatsache, daß ein Mensch Theologie studiert hat und seinen Beruf als Pfarrer ausübt, reicht nicht zur Erklärung seiner Persönlichkeitsproblematik. Während die einen religiöse Erziehung genossen haben und religiöse Argumente für ihre Probleme einbringen, finden sich (auch in den Beispielen von Thomas) in vielfältigster Form allgemein menschliche (oder unmenschliche) Motive für die verschiedensten neurotischen Gefühle oder sadomasochistischen Handlungen und Forderungen. Die Beispiele könnten ebensogut von Lehrern oder Büroangestellten stammen.

Auch ein Zusammenhang zwischen Religiosität und sexueller Lustlosigkeit ist nicht zwingend, insbesondere nicht in den Situationen, die Thomas in manchen Fallbeispielen beschreibt: Wenn ein Pfarrer seine Ehefrau ständig drangsaliert und sogar mit der Ermordung der Kinder droht, so scheint es durchaus nachvollziehbar, daß die Frau unter Angst leidet und beim sexuellen Zusammensein keine Gefühle mehr hat. Diese Angst und Frigidität als »ekklesiogene« Neurose zu bezeichnen, geht am eigentlichen Problem vorbei.

Fragwürdige Statistiken

Auch die neueren Veröffentlichungen von Thomas stellen sexuelle Probleme in einen direkten Zusammenhang mit einer »krankmachenden« Religiosität. Die Zahlen, die dabei genannt werden,
scheinen auf den ersten Blick sehr eindrücklich. So will er eine
»ekklesiogene Neurose« bei 97 Prozent aller »Onanieskrupulan-
ten«, 94 Prozent der Homosexuellen (!), 80 Prozent der »sexuell
Devianten«, bei 90 Prozent der frigiden Frauen und bei 65 Prozent der impotenten Männer festgestellt haben, die seine »Ärztliche Lebensmüden-Betreuung« in Berlin aufsuchten.[8] Auch spezifische psychiatrische Krankheitsbilder seien ekklesiogen verursacht: etwa 90 Prozent aller Zwangsneurosen, 90 Prozent der
Anorexien und 90 Prozent der neurotischen Depressionen.

Derartige Statistiken muten auf dem Gesamthintergrund der
psychiatrischen und psychotherapeutischen Literatur geradezu
naiv an. Wären diese Menschen nicht »durch unmittelbaren oder
mittelbaren kirchlichen Einfluß erkrankt«, sie hätten keine neurotischen Probleme gehabt, so der Tenor.

Betrachtet man jedoch die Berichte näher, mit denen so weit-
gehende Behauptungen unterstrichen werden, so läßt sich der
Eindruck nicht von der Hand weisen, daß Sexualität losgelöst
wird von einer allgemeinen menschlichen Konfliktsituation. »Wir
wurden mehrfach dessen Zeuge«, so Thomas[9] in einem Kon-
greß-Bericht, »wie ein Pfarrer die von ihm geliebte Frau um der
nicht geliebten Ehefrau willen verlassen mußte und in schwerste
Verzweiflung geriet.« Es ist eigenartig, daß hier nur von religiöser
Einengung, mit keinem Wort aber von Beziehungsdynamik und
von dem Spannungsfeld zwischen Ideal und Realität die Rede ist.
Dabei kennt jeder Psychotherapeut religiös ungebundene Männer, die ebenfalls am Konflikt zwischen Ehefrau und Geliebter in
einem Maße leiden, das durchaus neurotische Dimensionen annehmen kann.

Andererseits scheint sich Thomas der möglichen Mißverständ-
nisse bewußt: »Wer aus solchen Arbeiten einen Angriff gegen die
Kirche(n) herauslesen oder gar sie zu Sensationsmitteilungen ver-

zerren wollte, der würde nicht nur dem ersten Teil von dem heilenden Wirken der Kirche Hohn sprechen, sondern dem offenbaren ärztlichen Grundanliegen der Arbeit zuwiderhandeln, nämlich Verständnis wecken, vorbeugen und heilen.«[10] Leider ist dies Thomas selbst nicht gelungen. Bei seinen Publikationen in säkularen Zeitschriften (z.B. in »Sexualmedizin«[11]) werden Zahlen und Zusammenhänge vermittelt, die gerade dazu herausfordern, Sensationsmeldungen zu veröffentlichen.

Die »ekklesiogene Beweiskette«

Die Argumentationsweise von Thomas wird besonders deutlich an einem Beispiel, wo er auch zusätzliche Informationen liefert[12]:
»Ein Pfarrer, Anfang der vierziger Jahre, wurde durch die ›Sittlichkeitsbriefe‹ des Pfarrer Mehlhase völlig verängstigt. Als offenbares Ergebnis dieser Angst vor der Geschlechtlichkeit ist er zunächst impotent.« Seine Frau ist deshalb nach mehreren Jahren Ehe immer noch Jungfrau. »Auch die Dienstfähigkeit ist erheblich beeinträchtigt. Die ›Angst vor dem Verkehr‹ hat in einer häufigen und naheliegenden Parallele ... zu einer agoraphoben Platzangst geführt. Er hat solche Angst vor dem Verkehr, daß er kein öffentliches Verkehrsmittel mehr benutzen kann. Auch die Versetzung von der Stadt auf das Land hat die Zustände nur vorübergehend mildern können. Er ist fast völlig an das Haus gefesselt. Auch seine Ehefrau leidet an einer schweren ekklesiogenen Neurose.«
Die Beweiskette für die »Ekklesiogenität« wird von Thomas wie folgt geführt:
a) Beruf Pfarrer
b) Lesen von »Sittlichkeitsbriefen« mit sexualtabuisierendem Inhalt
c) daraus folgt Impotenz
d) daraus folgt Platzangst und Angst vor Verkehrsmitteln
e) weil seine Frau am Spannungsfeld zwischen Glaube, Wünschen und Realität im Bereich der Sexualität leidet, ist auch sie ekklesiogen erkrankt.

Auffallend sind die vielen Kausalzusammenhänge, wie sie besonders gerne in der analytischen Tiefenpsychologie hergestellt werden. Insbesondere wäre zu fragen, wie die Probleme der Ehefrau benannt würden, wenn sie mit einem Lehrer mit einer Angstneurose verheiratet gewesen wäre.

Eine alternative Schilderung

Das Fallbeispiel ließe sich auch anders erzählen. Ich habe in die folgende Schilderung einige Details eingebaut, wie sie bei ähnlichen Fällen häufig zu beobachten sind: »Ein sensibler junger Mann, nennen wir ihn Matthias, war das zweite von fünf Kindern eines Lehrers und wuchs auf dem Lande auf. Die Eltern waren kirchlich fromme Menschen und lebten ihren Glauben aus, ohne zu Extremen zu neigen. Über Sexualität wurde, der damaligen Zeit entsprechend, nicht viel geredet. Insgesamt verbrachte Matthias eine glückliche Jugend. Die vier Geschwister entwickelten sich normal, heirateten und hatten Kinder.

Matthias fiel schon immer durch eine gewisse Feingliedrigkeit, Unsicherheit, Scheu und übermäßige Ängstlichkeit auf. Er hatte Angst vor rauhen Spielen seiner Kameraden und vergrub sich hinter seinen Büchern. Jede Warnung vor Krankheiten und Schwierigkeiten führte bei ihm zu tiefsitzenden Ängsten, die schon früh zu Vermeidungsverhalten in verschiedenen Bereichen führten. Die Sittlichkeitsbriefe von Pfarrer Mehlhase fanden bei ihm besonders fruchtbaren Boden und verstärkten bei ihm seine generelle Angst vor sexueller Betätigung. Seiner Begabung und Neigung entsprechend studierte er Theologie. Unter den Kommilitonen war er als Einzelgänger bekannt, der sich in Gesellschaft unwohl fühlte. Während des Vikariats lernte er eine junge Frau kennen, eine gebildete, feinfühlige und tiefgläubige Tochter eines Pfarrers. Sie fühlten sich zueinander hingezogen und heirateten. Der zwanghafte Einzelgänger war nun plötzlich in enger Wohn- und Lebensgemeinschaft mit einem anderen Menschen verbunden, und er spürte die ständige Anspannung, die dies mit sich brachte. Und da war auch die Angst vor dem sexuellen Zusammensein, bei dem er zunehmend versagte. Erst allmählich zeigte sich, daß er nicht nur ständig krank und angespannt war, wenn sexuelle Nähe drohte, sondern daß er nicht in der Lage war, mit seiner Frau Verkehr zu haben.

Die junge Frau war frustriert. So hatte sie sich die Ehe nicht vorgestellt. Sie liebte ihren Matthias und wollte ihm auch Verständnis entgegenbringen, doch allmählich entwickelte sich eine tiefe Wut und Ausweglosigkeit. Verzweifelte Szenen wechselten sich ab mit Versöhnung. Beide bestätigten sich ihre Liebe, aber etwas starb allmählich ab. Man begegnete sich immer vorsichtiger, um sich nicht zu verletzen. In ihrer Not konnten sie mit niemandem reden. Das Gebet war der einzige Ausweg, wo sie Gott ihr Schicksal klagen konnten, doch da schien keine Antwort zu kommen.

Mit der Zeit kam es zu einer Verschlimmerung seiner Ängste. Hatte er früher schon ein Gefühl der Enge unter vielen Menschen erlebt, so wagte er es jetzt nicht mehr, in eine Straßenbahn einzusteigen, aus Angst, es könnte ihm schlecht werden. Lieber legte er auch einen Weg von fünf Kilometer quer durch die Stadt zu Fuß zurück, um einen Besuch zu machen. Er kam immer mehr unter Druck, litt vermehrt unter psychosomatischen Beschwerden und wurde schließlich auf sein Bitten hin aufs Land versetzt. Doch auch hier verspürte er neue Ängste. Jeder Besuch wurde zur bedrohlichen Anstrengung: Er fühlte sich unsicher im Gespräch mit Trauernden, überfordert im Unterricht der Konfirmanden und bekam Atembeschwerden, wenn er an einem Fest mit vielen Leuten teilnehmen sollte. Schließlich war er fast völlig ans Haus gefesselt und wagte sich nur noch frühmorgens zu einem einsamen Spaziergang in den nahegelegenen Wald.

Damals gab es noch keine Erkenntnisse über die biologischen Anteile bei Angststörungen, und es gab auch noch keine wirksamen Medikamente. So blieb seinen Ärzten und Psychotherapeuten nur die Erklärung, die Ursachen seiner Erkrankung lägen in seiner Erziehung, in seinem Glauben oder im Lesen angsterzeugender Literatur. Die Nöte seiner Frau wurden zwar durchaus als

Reaktion auf die Schwierigkeiten ihres Mannes gesehen. Da er aber Pfarrer war und sie eine Pfarrerstochter, nannte man ihre Nöte, die sich in den Jahren tief eingegraben hatten – ekklesiogen.« Soweit also eine alternative Schilderung des gleichen Lebensschicksales.

Vertrauensverlust durch Etikettierung

Zusammenfassend kann gesagt werden: Die von Thomas und seinen Mitarbeitern geschilderten Fälle widerspiegeln tragische Einzelschicksale einer als notvoll empfundenen Sexualität, die die Betroffenen bis an den Rand der Verzweiflung treiben können. Auch gläubige Menschen sind von solchen Nöten nicht ausgenommen. Nicht immer verhilft ein vertieftes Glaubensleben zu einer erfüllteren Sexualität. Diese Menschen gilt es ganzheitlich

Abbildung 2-1: Häufigkeit von Neurosen und Religiosität in der Bevölkerung

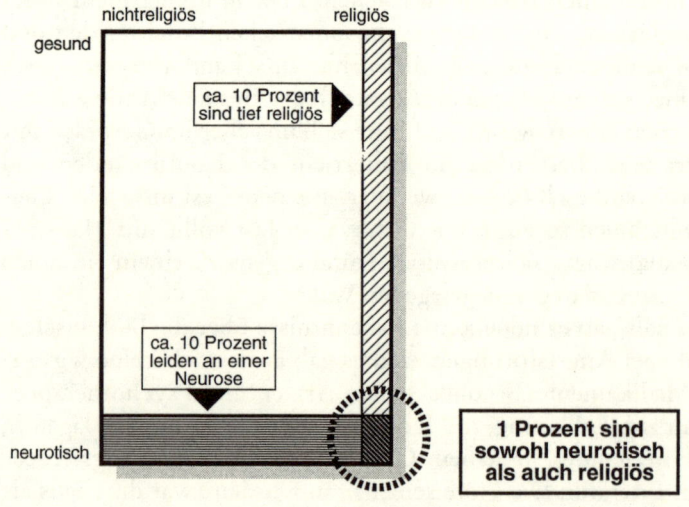

ernst zu nehmen, ohne ihre Probleme vorschnell auf *eine* Ursache allein zurückzuführen. Die Etikettierung als »ekklesiogen« ist deshalb *aus einer ganzheitlichen, systemischen Sichtweise neurotischer Probleme nicht seriös*. Mehr noch: Durch die Einengung der Kausalität auf den religiös-sexualethischen Konflikt können wertvolle Gelegenheiten zur Entkrampfung und zur Vertrauensbildung in der Therapie vertan werden.

Die Häufigkeit religiöser Neurosen wird z.T. stark überschätzt. Abbildung 2-1 zeigt die Berechnungsgrundlagen in graphischer Form: Etwa 10 Prozent der Bevölkerung leidet an Neurosen im engeren Sinne. Schließt man die Sexual- und Persönlichkeitsstörungen ein, so sind es ca. 30 Prozent. Etwa 10 Prozent der Bevölkerung sind im engeren Sinne religiös.[13] Geht man davon aus, daß auch ein Zehntel der religiösen Patienten an einer Neurose leiden, so kommt man schließlich auf 1-3 Prozent aller Menschen, die gleichzeitig religiös und neurotisch sind.[14] In christlichen Beratungsstellen konzentriert man sich aber nur auf diese Patienten im Überlappungsbereich. Von daher werden viel höhere Zahlen angegeben, als sie im Gesamtüberblick überhaupt realistisch sind. Mehr noch, man verfällt häufig in die Versuchung, einen ursächlichen Zusammenhang zwischen Glaube und Neurose herzustellen.

Der Mythos vom krankmachenden Glauben wird dort am ehesten gepflegt, wo ein ausgewähltes Patientengut (religiöse Menschen) mit einem einseitigen Schwerpunkt (z.B. Sexualität) betrachtet wird. Der Fehler liegt nicht darin, Zusammenhänge zwischen Neurose und Religiosität zu untersuchen, sondern in der Art wie die Beobachtungen gewichtet werden. Probleme entstehen dort, wo durchaus berechtigte Teilaspekte eines Geschehens zur alleinigen Ursache verfestigt werden.

Die hier vorgetragenen Bedenken sind nicht neu. Schon 1975 wurde von dem katholischen Pastoraltheologen *H. Stenger*[15] zu Recht bemängelt, daß der Begriff der »ekklesiogenen Neurose« bei den beiden Autoren (Schaetzing und Thomas) bestenfalls als Annahme, aber nicht im engeren Sinne wissenschaftlich gebraucht wurde. »Vor allem seine Anwendung auf Frigidität, Potenzstörungen und Homosexualität ist wissenschaftlich fraglich. Das Adjektiv ›ekklesiogen‹ bezieht sich auf eine schwer faßbare kollektive Größe. Sein faktischer Sinn müßte soziologisch und theologisch sorgfältig reflektiert werden. Die wissenschaftliche Unzulänglichkeit des Begriffes der Ekklesiogenen Neurose sollte aber nicht dazu verleiten, die im weitesten Sinn des Wortes pathogene Wirkung mancher im kirchlichen Raum vorhandenen Einstellungen, die über Andachtsliteratur usw. wirken, gering zu schätzen.«

Erziehungsstil und Glaubensentwicklung

Einen anderen Ansatzpunkt haben diejenigen Autoren gewählt, die sich mit der Frage auseinandersetzen, wie Erziehung die religiöse Entwicklung beeinflußt. So betitelt der Wiener Psychiater und Individualpsychologe Erwin Ringel sein Buch zur Thematik »Religionsverlust durch religiöse Erziehung«.[16] Problematisch sei insbesondere diejenige Religiosität, »früher wohl noch stärker als heute, die mit vielen Ängsten und Zwängen, mit Depressionen, Skrupulosität und systematischer Drosselung der Vitalität verbunden ist« (S. 21). Durch den Einfluß der Kirche entstünden oft »emotional verarmte, formalistisch denkende, enge, strenge, vielen wichtigen Gebieten gegenüber befangene Persönlichkeiten, die dann z.B. als Eltern ihrerseits ein Familienklima formen, welches ihre Kinder nur allzu leicht neurotisiert. Dies geschieht nicht zuletzt durch die Erzeugung eines engen, überstrengen und vor allem starren Gewissens, welches sich im Verlauf des weiteren Lebens nicht mehr entwickeln kann.« Die religionspädagogischen Überlegungen von Ringel und Kirchmayr enthalten in bezug auf die Ursachen religiöser Neurosen viel von der Religionskritik des analytischen Modells und beziehen sich besonders auf die Situation im überwiegend katholischen Österreich.

Demgegenüber findet sich in dem Buch des Erziehungswissenschaftlers und Psychotherapeuten Dieterich und des evangelischen Theologen Stoll[17], »Wenn der Glaube krank macht«, ein Überblick über die neueren religionspädagogischen und entwicklungspsychologischen Konzepte, die ein umfassenderes Bild zeichnen. Sie zeigen die Vielgestaltigkeit religiösen Ausdrucks auf und betonen die Stufen des Glaubens, wie sie von Fowler[18] und Westerhoff[19] entwickelt wurden. Die Auswirkung der Depression auf das Glaubensleben wird umfassend dargestellt und in die Entstehung einer gestörten Glaubenshaltung eingebaut. Besondere Betonung wird auf das »christliche Elternhaus« gelegt. Wichtige Faktoren für eine Neurotisierung sei eine »extrinsische« religiöse Orientierung[20], ein fassadenhafter, unechter Glaube und eine angstbetonte, perfektionistische Erziehung. Das Buch enthält eine geglückte Kombination umfassender wissenschaftlicher Hintergrund-Information mit praktischen Ratschlägen für Eltern und Erzieher.

Krankheit durch Religiosität oder Leiden am Glauben?

Während sich die obigen Autoren vor allem mit Erziehungsfragen im Rahmen der »Alltagspathologie« auseinandersetzten, ist es mir als Arzt ein Anliegen, Verständnis zu wecken für diejenigen Menschen, die im engeren Sinne psychisch krank sind und Schwierigkeiten mit ihrem Glauben haben. Sind sie wirklich durch den negativen Einfluß des Glaubens erkrankt, oder leiden sie in ihrer übermäßigen Sensibilität am Glauben? Läßt sich ein differenziertes Bild von der Beziehung zwischen Neurose und Religiosität zeichnen, zwischen dem seelischen Leiden und dem Glauben eines Menschen? Welche Modelle bieten sich als Alternative zu den Thesen von Schaetzing und Thomas an? Welche Wege können wir beschreiten, den Glauben in gesunder Weise zu vermitteln, ohne uns von denen abzuwenden, die in ihrem neurotischen Leiden Zuflucht in der Gemeinschaft von Christen suchen? Wie lassen sich die beiden Begriffe »Neurose« und »Religiosität« so besetzen, daß keiner der beiden zum abwertenden Etikett verkommt? Wie können wir den neurotischen Menschen in seinem Leiden ernst nehmen, ohne ihm unbewußt eigennützige Strebungen, vorgeschützte Körpersymptome, verkappte Kontrollwünsche oder mangelnde Therapiebereitschaft zu unterstellen? Wie können wir unterscheiden zwischen leichteren und schweren Zustandsbildern mit ihren unterschiedlichen Auswirkungen auf das Glaubensleben? Wie können wir den diffusen Begriff der Religiosität mit einem Inhalt füllen, der den eigentlichen Absichten des Evangeliums entspricht und gleichzeitig das widerspiegelt, was heute in Kirchen und Gemeinden abläuft?

Um diese Fragen zu beantworten, möchte ich Sie mitnehmen auf einen nicht ganz unbeschwerlichen Weg, der die Grundlagen für das ärztlich-seelsorgliche Modell legen soll, das in den späteren Kapiteln entwickelt wird.

Anmerkungen

1 Schaetzing 1955
2 Bovet 1955
3 Thomas 1964
4 Kapitel 8: Lebensmüdenbetreuung als Behandlung »ekklesiogener« Neurosen
5 Thomas 1964, S. 300
6 »Lebensschicksale von erschütternder Tragik, die nur mit einer zutiefst anteilnehmenden Sachlichkeit unter medizinisch-psychologischer Beurteilung, fern von jedem moralischen Richten, verstanden und im Rahmen der heutigen wissenschaftlichen Kenntnis dieser Zustände hilfreich angegangen werden können ... So bleibt nur die tiefe Tragik ehrfurchtsvoll, stützend und wegweisend zu betrachten, wenn wir die Gruppe der Homosexuellen in schwersten, nicht immer siegreich bestandenen Konflikten und Kämpfen sehen, meist in echter, tiefer Frömmigkeit ringend mit ihrem Schicksal, das vielfach als dämonisch erlebt wird« (S. 306).
7 Thomas 1964, op. cit., S. 310
8 Thomas (1989) in der Zeitschrift »Sexualmedizin«
9 Medical Tribune Schweiz, 4.9.1987
10 Thomas 1989a, S. 47
11 Thomas 1989b
12 Thomas 1964, op.cit., S. 310
13 Ich beziehe mich dabei auf die Zahl von 10 Prozent der Bundesbürger, die noch »jeden oder fast jeden Sonntag« zur Kirche gehen, vgl. Spiegel 25/1992, S. 38

14 In diesem Bereich liegt übrigens auch die Zahl, die von Thomas (1989 a, b) genannt wird. »15 Prozent aller Neurosen haben ekklesiogene Ursachen.«
15 Stenger 1975
16 Ringel und Kirchmayr 1985
17 Dieterich und Stoll 1991
18 Fowler 1991
19 Westerhoff 1976
20 nach Allport 1950

Kapitel 3

Sieben Thesen

1. Psychische Erkrankungen sind eine Realität unseres Daseins, genauso wie körperliche Krankheiten. Ihre Entstehung läßt sich nicht auf einen einzigen Faktor zurückführen, sondern auf ein komplexes Zusammenspiel von Anlage, Umwelt und Erlebnisverarbeitung.

Menschen mit psychischen Erkrankungen leiden bis heute unter Vorurteilen. Denn trotz aller Aufklärung über die Ursachen psychischer Krankheiten sind Ängste und Depressionen, Zwänge und hysterische Ausbrüche – abweichendes und unangepaßtes Denken und Verhalten überhaupt – für die Umwelt viel schwerer verständlich als jede körperliche Krankheit.

Am liebsten hätten wir einfache Antworten auf unsere Warum-Fragen. Immer wieder werde ich von Patienten und ihren Angehörigen gefragt: »Warum habe ich Angst vor dem Fliegen, obwohl ich meinen Mann gerne auf seiner Geschäftsreise begleiten würde?« »Warum hat meine Frau Hemmungen im Kontakt mit Nachbarn, obwohl sie sagt, sie fühlt sich einsam?« »Warum kann ich nicht aufhören, meine Hände zu waschen, obwohl ich weiß, daß es unsinnig ist?«

Immer wieder ist man versucht, allzu einfache Antworten zu geben. Doch gerade psychische Erkrankungen lassen sich nicht auf *einen* Faktor zurückführen. Bei jedem Menschen beobachten wir das komplexe Zusammenspiel von Erbanlagen, Wesenszügen, schwierigen Kindheitserfahrungen, inneren und äußeren Entbehrungen, tragischen Lebensschicksalen und eigenen Reaktionsweisen. Diese können sich schließlich unter Streß in einem verhängnisvollen Zusammenwirken zu einer ernsthaften psychischen Krise verdichten.

Auch Christen werden von psychischen Störungen nicht verschont. Sie können genauso wie Menschen ohne Glaube an Depressionen, an Ängsten oder an Psychosen erkranken. Und sie erkranken nicht weniger und nicht mehr als Nicht-Christen. Oft hört man den Satz: »Psychische Störungen werden immer häufiger!« Doch dieser Satz stimmt so nicht. Insbesondere die schweren psychischen Erkrankungen haben nach breit angelegten Studien *nicht* zugenommen. Durch Medikamente lassen sich schwere Psychosen und Depressionen viel besser behandeln. Seit 1950 wurden etwa 30 Prozent der Betten in psychiatrischen Kliniken abgebaut. Hingegen scheint es, daß heute mehr Menschen an leichteren und mittelgradigen Ängsten und Depressionen leiden, für die sie Hilfe bei Ärzten und Psychotherapeuten suchen.

> 2. Eine Klärung des Krankheitsbegriffes ist dringend notwendig. Klinische Psychiater und analytisch orientierte Theologen und Therapeuten sprechen nicht die gleiche Sprache, wenn sie von Neurosen sprechen.

Was heißt eigentlich krank? Ist jede Gefühlsverstimmung, jede innere Spannung schon krankhaft? Wenn vom »krankmachenden Glauben« gesprochen wird, so sollte zuerst geklärt werden, was man unter dem Begriff »krank« eigentlich versteht. Es gilt zu unterscheiden zwischen schweren (»endogenen«) psychischen Erkrankungen und leichteren erlebnis-verarbeitenden Konflikten bei sensiblen (neurotischen) Menschen. Mehr noch: Die neueren Forschungen zeigen deutlich, daß auch bei leichteren Störungen beide Komponenten zusammenwirken: die »endogene« Anlage (Disposition) und äußere Belastungen (»stressful life-events«). Innere Spannungen, Ängste und Verstimmungen gehören zu unserem Leben und können in Enttäuschungen, Versuchungen und Belastungen verstärkt auftreten, ohne daß der Arzt von einer

Krankheit im engeren Sinne sprechen würde. Ein umfassender Überblick über die verschiedenen Modelle von Gesundheit und Krankheit bei psychischen Störungen wurde von dem Züricher Psychopathologie-Professor C. Scharfetter[1] gegeben. Gerade am Neurosenbegriff zeigt sich das unterschiedliche Krankheitsverständnis verschiedener Berufsgruppen, der Konflikt zwischen dem medizinischen und dem psychoanalytischen Modell. Der *Psychiater* spricht im allgemeinen dann von einer Krankheit, wenn neben dem persönlichen Leiden, Versagen und Beziehungsproblemen auch wesentliche Ausfälle in der allgemeinen Leistungsfähigkeit und Selbständigkeit auftreten. Zudem berücksichtigt er die neueren wissenschaftlichen Erkenntnisse der biologischen Hirnforschung, die aufzeigen, daß es in der biochemischen Nervenübertragung des Gehirns Veränderungen gibt, die an der Entstehung von psychischen Krankheiten mitbeteiligt sind.

Tiefenpsychologisch orientierte Therapeuten hingegen legen das Hauptgewicht auf die innerseelischen (»intrapsychischen«) und zwischenmenschlichen (»interpersonellen«) Konflikte. Für Freud lag die Ursache der Neurosen im Konflikt zwischen »Ich«, »Es« und »Über-Ich«. »Krankheit« liegt aus analytischer Sicht dann vor, wenn ein Mensch unter Konflikten leidet, auch wenn er viele Bereiche seines Lebens erfolgreich bewältigt. Und diese Konflikte werden dann oftmals auch als die *Ursache* der Störung betrachtet. Deshalb neigt man viel eher dazu, von »krankmachender« Erziehung, »krankmachender« Elternbindung oder eben »krankmachendem« Glauben zu sprechen, ohne daß eine Krankheit im engeren ärztlichen Sinne vorliegen würde.

---

3. Neurotische Menschen neigen vermehrt zu einer inneren Konflikthaftigkeit, die sich nicht nur auf die Lebensbewältigung allgemein, sondern auch auf ihre Frömmigkeit auswirkt.

Übersensible Menschen neigen vermehrt zu einer inneren Konflikthaftigkeit, ob sie nun gläubig sind oder nicht. Sie stehen unter

dem ständigen Diktat von »Wenn« und »Aber«, im Spannungsfeld zwischen überhöhtem Ideal und abgründiger Unmöglichkeit.
»Ich würde gerne den Ausflug mitmachen, *aber* ich habe Angst,
daß die Toiletten im Wald nicht sauber sind.« – »Ich wünschte
mir so sehr mehr Kontakt mit anderen, *wenn* ich nur wüßte, daß
ich bedingungslos angenommen würde!« Dabei fällt es ihnen oft
schwer, einen Mittelweg zu gehen. Sie haben Mühe in der Verarbeitung von widerstrebenden Tendenzen, zwischen inneren Wünschen und Trieben und äußeren Grenzen, Regeln und Verpflichtungen. Wer Grenzen und Verantwortlichkeit vertritt, wird oft als
Verursacher der Probleme betrachtet, seien dies die Eltern, die
Schule, der Staat oder eben die Kirche. Diese innere Konflikthaftigkeit entsteht aus Ängsten, Zweifeln und Zwängen, die nicht
bloß durch die Erziehung und Weltanschauung geprägt werden.
Vielmehr widerspiegeln sie einen tieferliegenden Persönlich-
keits-Stil oder »Charakter«. Vieles deutet darauf hin, daß Persönlichkeit genetisch mitbedingt, also angeboren ist. Eine »gute« Erziehung kann einem Kind helfen, mit seiner Persönlichkeit besser
durchs Leben zu kommen, kann also im positiven Sinne zu einer
reifen Verarbeitung von Lebensereignissen führen. Erziehung
kann aber durch Einengung, Unverständnis und Druck negative
Persönlichkeitszüge verstärken und zu einer Verschärfung der
Probleme führen.

Die Persönlichkeit beeinflußt maßgeblich die Art und Weise,
wie ein Mensch sich selbst und seine Umwelt erlebt und wie er in
Lebensschwierigkeiten reagiert. Dies wirkt sich auch auf den
Glauben aus. Ein reiches Gefühlsleben wird auch im Glauben
mehr Gefühlserfahrungen hervorbringen, eine schwermütige We-
sensart wird auch in Glaubensfragen eher zu einer ernsten und
möglicherweise bedrückenden Verarbeitung christlicher Inhalte
führen. Daraus läßt sich aber noch nicht ableiten, daß es der
Glaube ist, der schwermütig oder »krank« macht. Viel eher lassen
sich aus dem Glaubenserleben Rückschlüsse auf die Art und Weise ziehen, wie ein Mensch sich und seine Umwelt erlebt (vgl. Lebensstil und Glaubensstil, S. 109).

4. Der christliche Glaube hat sich in der Bewältigung von Lebensschwierigkeiten und Krankheiten als wichtige Stütze erwiesen. Gerade belastete Menschen fühlen sich von dieser Botschaft angesprochen. Menschen in seelischen Krisen fragen oft nach dem Sinn des Lebens und suchen diesen im Glauben, wenn auch in unvollkommener und durch ihre Not geprägter Form.

Vor kurzem sprach ich mit einer Psychologin, die an einer großen schweizerischen Universitätsklinik krebskranke Menschen und ihre Angehörigen betreut. »Ich bin überrascht, welche Bedeutung der Glaube für Menschen in dieser Situation hat«, sagte sie mir. Auf die Frage, was ihnen in ihrer Krankheit helfe, führten fast alle den Glauben an Gott und an ein Weiterleben nach dem Tode an, die Hälfte von ihnen sogar an erster Stelle. Der Glaube ist also eine wichtige Stütze in Krankheit, Not und Lebensbewältigung. Oftmals sind es gerade die psychischen Nöte, die Menschen neu bewußt machen, daß sie aus eigener Kraft ihr Leben nicht meistern können. In dieser Situation des äußeren Zerbrechens werden sie offen für den Ruf Jesu: »Kommet her zu mir alle, die ihr mühselig und beladen seid, ich will euch erquicken!«

Doch die Mühseligen und Beladenen, gerade im psychischen Bereich, bringen auch ihre seelischen Wunden, ihre depressiven Verzerrungen und ihre übermäßige Sensibilität mit ein, wenn sie sich dem Glauben zuwenden. So ergeben sich zwei paradoxe Folgen:

Einerseits werden die Sensiblen von der Liebe und der Unterstützung in christlichen Gemeinden angezogen. Dies ist der Grund, daß sich in christlichen Gemeinden z.T. höhere Prozentzahlen von seelisch und körperlich leidenden Menschen finden. Andererseits leiden gerade diese Menschen vermehrt daran, daß der Glaube nicht alle ihre Erwartungen erfüllt. Die Ängste bestehen oft weiter, auch wenn sie nun den Trost und den Halt im Glauben haben. Die Neigung zur Selbstabwertung und zu Minderwertigkeitsgefühlen kann weiterbestehen, auch wenn sie durch

den Glauben wissen, daß Jesus sie annimmt und sie liebt. Durch
ein Ernstnehmen des Glaubens sind auch Lebensveränderungen
gefragt: die Einbindung in eine Gemeinschaft, das Einhalten von
Regeln, die Teilnahme an Veranstaltungen. Diese können den Bedürfnissen des einzelnen zuwiderlaufen und neue Ängste oder
»christlichen Streß« wachrufen.

Wenn sich nun aber mehr beladene Menschen dem Glauben
zuwenden, so läßt sich daraus nicht ableiten, daß bekennende
Christen vermehrt psychisch krank werden, und schon gar nicht,
daß der Glaube ihre psychischen Krankheiten verursacht habe.
Insgesamt überwiegt die Tatsache, daß der Glaube gerade in seelischer und körperlicher Krankheit als wesentliche Stütze erlebt
wird.

> 5. Christliche Erziehung und Verkündigung kann auch in
> verzerrter und liebloser Weise erfolgen. Bei sensiblen Men-
> schen können Konflikte und Verletzungen dann religiös
> eingefärbt und verarbeitet werden.

Christliche Erziehung – was ist das eigentlich? Christliche Verkündigung – wo liegt der Maßstab? Wer sich intensiver mit diesen
Fragen auseinandersetzt, der merkt bald, daß sich keine einfachen
Antworten geben lassen. Nur dort, wo sich Wahrheit und Liebe
ergänzen, wo christliche Wertmaßstäbe und persönliche Einfühlung und Barmherzigkeit sich paaren, nur da werden die Voraussetzungen zum Gedeihen geschaffen. Leider ist dies auch in
christlichen Kreisen nicht immer der Fall. Immer wieder erfahren
Therapeuten in der Sprechstunde von überforderten Eltern, die
die Kinder übermäßig schlagen; von engherzigen Vätern, die
ihren Kindern keinerlei Freiheit geben; von sensiblen Müttern,
die ihre Kinder durch Klagen, Vorwürfe und körperliche Beschwerden an sich binden.

Das alles gibt es auch bei anderen Menschen, ja noch ganz andere Nöte – wenn man nur an die vielen Alkoholiker, die hohen
Scheidungsraten in säkularen Familien denkt. Doch besonders

tragisch ist es, wenn die Bibel dazu herhalten muß, um unange-
messene Strafen zu begründen, übermäßige Verbote christlich zu
verbrämen und krankhafte Abhängigkeit durch den Appell an das
christliche Pflichtgefühl zu vergeistlichen. Christliche Eltern
müssen sich auch bewußt sein, daß ihre Kinder aufmerksam
darauf achten, ob Sonntags-Wort und Montags-Tat in Einklang
miteinander stehen. Kommt es hier zur Dissonanz, so machen sie
sich unglaubwürdig und tragen mit dazu bei, daß sie von ihren
Kindern in Glaubensfragen nicht mehr ernst genommen werden.

Ähnliches gilt auch für die Verkündigung. Hier ist es vielleicht
noch schwerer, sich in die Predigthörer mit ihren unterschiedlichen Bedürfnissen einzufühlen. Und doch gibt es Pfarrer und
Prediger, Seelsorger und Hauskreisleiter, denen es an der nötigen
Weisheit und Liebe bei der Verkündigung biblischer Wahrheiten
fehlt. Gerade dort, wo ethische oder enge geistliche Sichtweisen
berührt werden, wo das Verhalten des einzelnen mit göttlicher
Strafe verbunden wird, können unnötige Wunden geschlagen
werden. Nicht umsonst hat schon Paulus auf die Nöte der
»Schwachen im Glauben« hingewiesen, die besonders unter den
Meinungstreitigkeiten der ersten Gemeinden litten. Wenn die
Verkündigung also Gesetzlichkeit, Heiligungs-Perfektionismus
oder überschwengliche Gefühle als Grundlage der Beziehung zu
Gott vermittelt, kann dies bei sensiblen Menschen Konflikte auslösen. Sie kann Ängste und Bedrückung wecken, Entmutigung
und Zweifel fördern und schließlich zum Gefühl der Gottesferne
führen, weil man Gott nicht so erlebt, wie er verkündigt wird.

Dabei darf man nie vergessen, daß das verkündigte Wort von
einem Menschen in einer besonderen seelischen Verfassung
gehört wird. Die Reaktion des einzelnen läßt sich deshalb erst
dann verstehen, wenn man seinen Lebenskontext kennt.

6. Der christliche Glaube gibt Richtlinien für die persönliche Lebensgestaltung und für das Zusammenleben in der Gemeinschaft. Diese können den Bedürfnissen und Trieben des einzelnen zuwiderlaufen und zu Spannungsfeldern führen.

Keine menschliche Gemeinschaft kommt ohne Regeln für das Zusammenleben aus. Wir brauchen die biblischen Gebote, um wirkliche Gemeinschaft zu haben – als Christen, aber auch als Mitmenschen. Die Bibel gibt uns große Freiheit, aber sie setzt auch Grenzen: Die Freiheit des einzelnen hört spätestens dort auf, wo sie die Freiheit des anderen beeinträchtigt, wo sie dem andern Leiden zufügt und andere in die Ecke drängt. In jedem Menschen schlummert das Böse, der Drang, diese Gebote zu durchbrechen und gegen Gott und seine Mitmenschen zu sündigen.

Auch in der Psychologie wurde erkannt, daß die Menschen sich nicht an die Regeln halten und dadurch die Gemeinschaft gefährden: »Jeder einzelne ist virtuell ein Feind der Kultur ... Die Kultur muß also gegen den einzelnen verteidigt werden und ihre Einrichtungen, Institutionen und Gebote stehen im Dienst dieser Aufgabe ... Man hat, meine ich, mit der Tatsache zu rechnen, daß bei allen Menschen destruktive, also antisoziale und antikulturelle Tendenzen vorhanden sind ...« Dieses psychologische Bekenntnis zur »Erbsünde« und zur Notwendigkeit von Grenzen und Regeln kommt von keinem Geringeren als Sigmund Freud.[2] Und weiter: »Es ist merkwürdig, daß die Menschen, so wenig sie auch in der Vereinzelung existieren können, doch die Opfer, welche ihnen von der Kultur zugemutet werden, um ein Zusammenleben zu ermöglichen, als schwer drückend empfinden.«

Hier liegt die Not des sensiblen Menschen, ob er nun religiös ist oder nicht. Für den gläubigen Menschen sind es die Regeln der Bibel und seines Umfeldes, die ihm die Grenzen setzen, die ihm Spannungen verursachen. Denn die biblischen Gebote geben Richtlinien für das Zusammenleben allgemein, für die Beziehun-

gen zu unseren Eltern, zu unseren Nächsten, für unsere Sexualität
und zu den Besitztümern der andern.

Doch oft ist es nicht die Bibel allein, die Spannungen verursacht. Es sind auch die persönlichen Ansichten und Bibelausle-
gungen derer, die geistliche Führung geben. Hier entstehen oft
noch mehr Fragen: Wie läßt sich Gottes Wille erkennen? Wie
nutzt man seine Zeit? Wofür gibt man sein Geld aus? Wie perfekt
muß man sein für echte Heiligung? Welchen Einfluß hat das
Christsein auf die Beziehungen zum anderen Geschlecht? Auf die
Rolle als Frau? Auf die Rolle als Mann? Was ist erlaubt und was
verboten?

Jeder kennt etwas von der Spannung zwischen den christlichen Richtlinien und der Wirklichkeit: Wie soll man einem
Menschen mit Freundlichkeit begegnen, wenn man verletzt worden ist? Wie soll man die Eltern ehren, wenn man sich von ihnen
falsch erzogen und ungerecht behandelt fühlt? Wie soll man Widerstand leisten, wenn die Versuchung unerträgliche innere Spannungen erzeugt? Wie soll man umgehen mit dem Spannungsfeld
von Genuß und Bescheidenheit, von Lust und Verzicht? Wo ver-
letze ich die Nächstenliebe, wenn ich nicht alles tue, was andere
von mir verlangen? Wie gehe ich mit der Not um, daß ich zwar
vergeben habe, aber das Unrecht, das mir angetan wurde, nicht
vergessen kann? Wie soll eine Ehefrau sich verhalten, wenn ihr
Mann mehr sexuelle Nähe von ihr will, sie aber sich vor körperlicher Nähe ekelt?

Für sensible Menschen können solche Fragen ernsthafte Krisen und quälende seelische und vegetative Reaktionen auslösen.
Wo sie sich auflehnen gegen ihr äußeres Schicksal oder die innere
Konflikthaftigkeit, dort fühlen sie die Bedrückung durch die als
einengend empfundenen Regeln ihres Glaubens in besonderem
Maße. »Jedesmal, wenn ich die Musik aus meiner neuen Stereo-
Anlage hören will, frage ich mich wieder, ob ich das Geld nicht in
die Mission hätte geben sollen! Wenn ich nur nicht solche christliche Gebote gelernt hätte! Ich möchte einfach einmal hem-
mungslos genießen können, ohne ständiges schlechtes Gewissen!
Der Glaube drückt mich nieder!« Die Not des inneren Konfliktes

ist ernst zu nehmen, doch wer den Glauben für solchen Zwiespalt verantwortlich macht, der projiziert seine innere Zerrissenheit, sein Leiden am Urkonflikt des Menschen, auf den Glauben. Reife aber bedeutet etwas anderes:

7. Seelische und christliche Reife bedeutet, Spannungsfelder zwischen Bedürfnissen, unerfüllten Wünschen und Trieben einerseits und Verantwortung, Regeln und Normen andererseits in sich zu überbrücken und Wege zu einem verantwortlichen Leben zu finden.

Haben Sie jemals ein Weizenfeld beim Heranwachsen beobachtet? Wie lange braucht es doch, bis aus den kleinen Körnern, die da in die Kälte des Winters gesät werden, zarte grüne Triebe sprossen, immer wieder zugedeckt von eisigen Schneeschauern. Nach und nach verdichten sie sich zu einem zartgrünen Teppich, strecken sich allmählich, Knoten um Knoten der Sonne entgegen. Der Wind wogt darüber, manchmal zärtlich wie ein Streicheln, dann wieder furios-gewalttätig, riesige Löcher niedergedrückter Halme hinterlassend, die sich still ächzend wieder aufzurichten suchen. Der Regen peitscht die aufkeimenden Ähren, doch gleichzeitig saugen sie das Wasser aus dem Erdreich begierig in sich auf. Die Sonne, die sie am Morgen noch in zartgoldenes Licht taucht, brennt am Mittag auf sie nieder, und doch gibt sie ihnen auch die Kraft zum weiteren Reifen, bis schließlich die Zeit der Ernte kommt, wo aus jedem gesäten Keim ein Vielfaches an Körnern geworden ist.

Reife – das ist kein Instant-Prozeß, kein psychologischer Wochenend-Trip und keine geistliche Sofort-Erfahrung. Reife, das bedeutet, sich selbst besser kennenzulernen, mit seinen Stärken und mit seinen Schwächen. Reifen, das heißt auch, andere Menschen besser zu verstehen suchen, sie anzunehmen in ihrer Eigenart, ohne immer gleich einen Angriff auf sich selbst zu vermuten. Reifen bedeutet, sich anzunehmen mit Schwächen und Grenzen, ohne sich dabei minderwertig zu fühlen. Reifen bedeutet aber auch, die Bereiche im Leben zu sehen, die sich noch entwickeln können; die Angst vor dem Versagen und der Ablehnung zu überwinden und neue Schritte zu wagen.

Ein reifer Mensch kann Meinungsverschiedenheiten aushalten, ohne sich dadurch existentiell bedroht zu fühlen. Ja, er kann auch den Menschen mit Freundlichkeit und Anstand begegnen, die nicht gleicher Meinung sind. Er lebt in Bescheidenheit und Zufriedenheit und widersteht bewußt den negativen Tendenzen in sich selbst, das Haben vor das Sein zu stellen, die Begehrlichkeit vor die Genügsamkeit.

Ein reifer Christ kann sich selbst annehmen in Abhängigkeit von Gott. Sein Selbstwertgefühl gründet entscheidend darauf, ein Geschöpf Gottes zu sein, von ihm einzigartig erschaffen, von ihm geliebt. Er bejaht sein Leben in dem Wissen, daß »denen, die Gott lieben, alle Dinge zum Besten dienen«. Aber er kann auch die andere Seite Gottes annehmen, die wir nicht verstehen. Er lebt in dem Bewußtsein, daß wir hier auf dieser Erde nicht das Paradies haben; daß Krankheit, Not und Tod Teil der gefallenen Schöpfung sind. Er wird also das Spannungsfeld zwischen seinen unerfüllten Wünschen im Diesseits und den Verheißungen für die neue Welt aushalten, ohne sich von Gott abzuwenden. Ja, er wird vielmehr Kraft schöpfen aus Gott, wo menschliche Kraft nicht ausreicht.

Er weiß um das Böse in sich selbst und in den Mitmenschen. Er lebt täglich aus der Vergebung und ist bereit, anderen Menschen zu vergeben, ohne sie abzuschreiben. Er läßt sich in Versuchungen zum Bösen nicht einfach treiben, sondern bittet Gott um Kraft zur Überwindung, ja sogar darum, nicht in Versuchung geführt zu werden, wie wir dies im Vaterunser beten. Und wenn er dennoch versagt, so weiß er, daß er bei Gott nicht abgeschrieben ist.

Ein reifer Christ lebt in der »Freiheit der Kinder Gottes«, ohne die Verantwortung zu vergessen, die Gott von uns verlangt. Er macht sich geistlich nicht von andern abhängig, sondern versucht Gottes Willen im persönlichen Bibelstudium, Nachdenken und Gebet für seine jetzige Lebenssituation zu erkennen. Er kann Regeln annehmen und sich ihnen freiwillig unterstellen, auch wenn er persönlich eine größere Freiheit hätte. Aber er kann auch Menschen achten, die engere Grenzen brauchen, ohne sich von ihnen knechten zu lassen.

Der reife Christ kennt zunehmend die Gezeiten seines Lebens, im Wissen darum, daß »alles seine Zeit hat«, Pflanzen und Ausreißen, Abbrechen und Bauen, Weinen und Lachen (Prediger 3). Dies hilft ihm, die Angst vor nötigen Veränderungen besser annehmen zu können, in dem Wissen, daß Jesus nahe ist, der in aller Angst dieser Welt »die Welt überwunden« hat. Er ist sich bewußt, daß nicht jede biblische Wahrheit sich auf jede Phase seines Lebens anwenden läßt, und kommt so nicht ständig in Konflikt mit biblischen Aussagen, die ihm gar nicht gelten. Reife bedeutet nicht, die Hände ergeben in den Schoß zu legen, sondern zu erkennen, wann die Zeit für mutige Schritte gekommen ist, im Kleinen wie im Großen.

Solche Reife läßt sich nicht von heute auf morgen erreichen. Sie ist ein Prozeß, der wohl niemals abgeschlossen ist, ein Wachsen wie »ein Baum, gepflanzt an Wasserbächen«. Die Jahresringe sensibler Menschen werden nicht immer gleichmäßig sein, denn sie spüren in besonderem Maße die Dürre der Depression und die Überschwemmung durch die Angst, die eisige Erstarrung ihrer Hemmungen und die Sturmböen seelischer Erregung.

Reife, das ist nicht nur etwas für ausgeglichene und problemfreie Menschen. Es gibt Hoffnung auch für die Sensiblen, für diejenigen Menschen, die wir gemeinhin als neurotisch bezeichnen. Für sie bedeutet Reife nicht unbedingt, alle Grenzen zu sprengen, aber zu lernen, sich mit ihrer Schwachheit anzunehmen, Spannungen auszuhalten und sogar daran zu wachsen.

Anmerkungen

1 Scharfetter 1985, S. 10–18
2 Freud 1927, S. 140f.

Kapitel 4

Der neurotische Mensch und sein Erleben

Was ist das eigentlich – ein neurotischer Mensch? Sind wir nicht alle etwas neurotisch? Haben wir nicht alle unsere Sensibilitäten? Ja und nein. Diese verharmlosenden Feststellungen lassen oft vergessen, daß Neurosen im engeren Sinne echte Krankheiten sind, an denen die Betroffenen außerordentlich leiden können. Während die meisten Menschen mit den Konflikten, die uns im Alltag gemeinhin »krank machen«, ganz gut leben können, leiden Menschen mit Neurosen deutlich stärker. Es gilt deshalb den Krankheitsbegriff, wie er in unserer Gesellschaft gebraucht wird, kritisch zu hinterfragen.

Nicht jeder ist also neurotisch, doch Neurosen sind häufige Störungen: Gemäß verschiedenen Studien leidet jeder zehnte Mensch an einer »Neurose«. Zählt man noch die leichteren Störungen der Persönlichkeit dazu, so kommt man insgesamt auf etwa 25-30 Prozent »psychogener Störungen« in der Bevölkerung.[1] Unter diesem Oberbegriff faßt man eine verwirrende Vielfalt problematischer Erlebnis- und Reaktionsweisen zusammen, von allgemeiner Hemmung bis hin zu sexuellen Schwierigkeiten, von psychosomatischen Beschwerden bis hin zum invalidisierenden Angstsyndrom.

Nun mag es überraschen, daß der Begriff der »Neurose« längst nicht mehr so klar ist, wie er in manchen Büchern noch erscheinen mag. Neue Handbücher (so das DSM-III-R[2] und die ICD-10[3]) gehen so weit, daß sie den Begriff aus ihrem Diagnosen-Vokabular streichen und von *Persönlichkeitsstörungen* sowie von Angst-, Zwangs- und anderen *Syndromen* sprechen. Wenn ich dennoch von »Neurosen« rede, so tue ich dies wegen der traditionellen Bedeutung dieses Begriffs, ohne ihn allzu weit auszudehnen. Schwere Neurosen – das kann nicht genügend unterstrichen werden – sind *echte Krankheiten* mit klar beschreibbaren Symptomen und mit Verläufen, die ähnlich anderen psychischen Erkrankungen zu erheblichen Behinderungen führen können.

Einsam und resigniert

Neurotische Menschen leben oft mit ihren Beschwerden, ohne je zu einem Arzt oder Psychotherapeuten zu gehen. Eine Studie[4] ergab: Nur 25 Prozent suchten je einen Psychiater oder Therapeuten auf. Nur 5,8 Prozent suchten in den 12 Monaten vor der Befragung fachärztliche Behandlung. Nur 2 Prozent befanden sich in regelmäßiger psychotherapeutischer Behandlung. Die meisten werden von Hausärzten, Internisten und Frauenärzten betreut oder suchen keinerlei ärztliche Hilfe mehr.[5] Selbst Menschen mit ausgeprägten neurotischen Depressionen und Angstsyndromen ziehen sich langfristig zurück und bleiben in keiner therapeutischen Behandlung[6], weil sie diese als »ausgesprochen unangenehm und nicht hilfreich« empfinden.[7] Menschen mit schweren neurotischen Symptomen sind daher oft einsam und resigniert, gezwungen, ein Leben mit engen Grenzen zu führen. Dies ist mit ein Grund für dieses Buch: Gerade weil sensible Menschen oft zu keinem Therapeuten und zu keinem Arzt mehr gehen, sind es die Seelsorger oder die engsten Freunde und Angehörigen, die mit ihnen zu tun haben und sich oft fragen, wie sie sich die schwierigen Reaktionen erklären sollen.

Die Frage nach dem Warum

Im Bemühen um ein besseres Verständnis neurotischer Menschen gibt es verschiedene Zugangswege, die ich wie folgt umschreiben möchte:

Zwei Betrachtungsweisen des neurotischen Menschen:
a) analytisch-deutend
b) beschreibend-stützend

Die erste Betrachtungsweise stellt im Grunde *die Frage nach dem Warum*. Es ist die Betrachtungsweise, die vorwiegend von der Tiefenpsychologie gepflegt wird. Was ist in der frühen Kindheit geschehen? Welche Erziehungsfehler hat die Mutter gemacht? Welche unbewußten Motive oder Komplexe verursachen die schwierigen Reaktionsweisen? Wo bestehen sexuelle Probleme, die dermaßen tabuisiert wurden, daß sie nun ihren Ausdruck in Reinlichkeitsritualen oder Ängsten haben? Was bedeuten die körperlichen Beschwerden? (»Was willst du nicht loslassen, daß du solche Verstopfung hast?«) Was für einen Gewinn bringen die psychischen Probleme?

In dieser Betrachtungsweise liegt die Gefahr, einem Menschen Motive und Deutungen zu unterschieben, die keinen Bezug zu seiner aktuellen Lebenssituation haben und insbesondere keine Hilfe für die Bewältigung geben. Gerade dort, wo durch die Deutung auch noch die stützenden Beziehungen zu den Eltern, Ehepartnern oder zu einer Glaubensgemeinschaft in Frage gestellt werden, kann sie die Probleme noch verschärfen statt sie zu lösen.

Dies gilt auch für eine tiefenpsychologisch orientierte Seelsorge[8], die primär nach den Ursachen, den sogenannten »Wurzeln« fragt. Die Fragen zielen dann insbesondere auf die vermeintlichen geistlichen Ursachen ab: »Wo liegt die okkulte Belastung? Welche Sünde ist noch nicht bereinigt? Welche unbewußte Verletzung aus der Kindheit hat noch Macht über den Patienten?« Die Erfahrung zeigt jedoch auch hier, daß sich derartige Warum-Fragen, auch in geistlichem Gewande, letztlich nicht beantworten lassen. Ja, sie können hineinführen in ein fruchtloses Grübeln über die Vergangenheit und die Bewältigung der Gegenwart erschweren. Schon Jesus widersprach seinen Jüngern, die ihn in der Begegnung mit dem Blindgeborenen fragten[9]: »Meister, wer hat gesündigt, dieser oder seine Eltern, daß er blind geboren ist?« Seine Weder-

Noch-Antwort zeigte den Weg von der Kausalität zur Finalität, von der unergiebigen Suche nach Ursachen in der Vergangenheit hin zur Wirkung Gottes in der Gegenwart: »Es hat weder dieser gesündigt noch seine Eltern, sondern es sollen die Werke Gottes offenbar werden an ihm.«

Den leidenden Menschen existentiell ernst nehmen

Die zweite Betrachtungsweise mag auf den ersten Blick viel banaler und weniger spektakulär erscheinen, doch sie hat ihren eigenen therapeutischen Wert, der von vielen Patienten als wohltuend erlebt wird. Sie beschränkt sich vorerst einmal auf die reine Beschreibung der körperlichen und psychischen Symptome. Damit nimmt der Arzt den Patienten ernst in seinem ganz persönlichen Erleben, ohne dieses vorschnell zu deuten. Er fragt nach der Qualität des Schlafes, nach den Ängsten und ihren Auslösern, den Verlaufsformen der depressiven Verstimmungen, nach den Inhalten der Zwänge und versucht sich eine Vorstellung von der zeitlichen Entwicklung im Laufe eines Lebens zu machen. Besonders wichtig sind auch die Auswirkung auf Befinden und Leistungsfähigkeit in Beruf und Haushalt. Von besonderer Bedeutung ist die aktuelle Lebenssituation in ihren verschiedenen Dimensionen. Dabei wird erfragt, ob es außerordentliche Belastungen (Streß) oder konflikthafte Beziehungen gegeben hat, die zum gegenwärtigen Problem beigetragen haben. Die beschreibende Betrachtungsweise verzichtet bewußt auf Kausalzusammenhänge und nimmt die Betroffenen ernst in ihrer existentiellen Not, die durch die vegetativen und psychischen Symptome entsteht.

Auch hier besteht eine Gefahr, nämlich dann, wenn sich der Arzt auf eine reine Symptombeschreibung beschränkt, ohne den Zusammenhang mit der Lebensgeschichte und der inneren Verarbeitung zu berücksichtigen.

In der Seelsorge würden die entsprechenden *Grundfragen* wie folgt lauten: Wie kann ich diesem Menschen in der Liebe Jesu begegnen, ohne ihn oder seine Eltern für seine Beschwerden schul-

dig zu sprechen? Welches sind seine Nöte? Wo sind seine Möglichkeiten und Stützen? Wo kann er selbst durch innere und äußere Veränderungen zur Verbesserung der Situation beitragen? Wo
sind seine Grenzen, mit denen er leben lernen muß?

Aus dieser zweiten Betrachtungsweise heraus wollen wir nun
auch herangehen an das Wesen der Störungen, die gemeinhin als
»Neuosen« bezeichnet werden.

Tabelle 4-1:
Definition der Neurosen

Neurosen sind psychische Störungen, die sich in bestimmten Symptomen – Angst, Zwang, traurige Verstimmung,
übermäßige Sensibilität – oder in bestimmten Eigenschaften – Hemmung, Selbstunsicherheit, Gefühlsschwankungen, innerer Konflikthaftigkeit – äußern. Der Wirklich-
keitsbezug ist im allgemeinen intakt. Gestörte Gedanken
und Gefühle gehen oft einher mit körperlichen Funktions-
störungen. Das Verhalten verletzt gewöhnlich die Normen
der Umgebung nicht aktiv, doch kann es die Leistungsfähigkeit herabsetzen und zu Beziehungsstörungen führen.
Im weiteren gelten folgende Grundregeln:
- die Symptome treten ohne Behandlung anhaltend oder
  phasenweise auf
- die Symptome sind nicht eine vorübergehende Reaktion
  auf eine Belastung
- bei den meisten Neuroseformen läßt sich keine organische Ursache im engeren Sinne nachweisen, doch gibt es
  Hinweise auf genetische Faktoren und biochemische
  Stoffwechselstörungen im Gehirn (z.B. bei Zwängen und
  Ängsten)

Gemeinsame Eigenschaften neurotischer Menschen

So vielfältig die verschiedenen Ausdrucksformen neurotischer Störungen sind, so beobachten wir doch immer wieder Gemeinsamkeiten, die allen sensiblen Menschen gemeinsam[10] sind:

Tabelle 4-2:
Gemeinsamkeiten neurotischer Menschen

a) Unsicherheit, innere Konflikthaftigkeit
b) Hemmungen
c) Kontaktstörung
d) Gefühlsverstimmungen, Kränkbarkeit
e) verminderte Leistungsfähigkeit
f) vegetative Beschwerden

Da ist einmal die *innere Unsicherheit und Konflikthaftigkeit,* die sie in vielen Situationen verspüren. Selbst beiläufige Begegnungen, alltägliche Aufgaben und einfache Wünsche und Bedürfnisse werden endlos hinterfragt und können im sensiblen Menschen oft Spannungen erzeugen, die körperlich fühlbar werden. Es kommt zu einer übermäßigen Zögerlichkeit, Unschlüssigkeit und ängstlich bedachter Absicherung, die für Außenstehende schwer verständlich ist. Eng damit verbunden sind ständige Zweifel, ob man von den andern akzeptiert werde (Annahme und Zugehörigkeit) und ob man etwas richtig mache (Selbstvertrauen oder Angst vor Versagen). Das überempfindliche Gewissen der Sensiblen ist schließlich ein ausweglos Labyrinth der Abhängigkeit von Mitmenschen und Leitfiguren, von Regeln und Idealen, die auch als »Über-Ich« bezeichnet werden. Diese Unsicherheit führt dann auch zu *Hemmungen,* im Umgang mit sich selbst und anderen Menschen. Die Hemmungen sensibler Menschen gehen weit hinaus über natürliche Scham und gesellschaftlichen Anstand. Banalste Dinge werden zur unüberwindbaren Mauer. Der Stadtneurotiker Woody Allen kann nicht mehr ins Kino, wenn er auch nur eine Minute zu spät kommt (und seine Freundin ist wütend, weil er ihr die Schuld zuschiebt). Andere haben Hemmungen wegen ihrer äußeren Erscheinung: Sie lassen sich nicht gerne fotografieren, sie zeigen sich nicht gerne in der Badehose oder sie verfallen (als häufiges Extrem) in eine unsinnige Magersucht, um die vermeintlichen Polster zu verlieren. Viele begabte Komponisten und Wissenschaftler mußten wegen ihrer Hemmungen dazu überredet werden, ihre Werke zu veröffentlichen. Und oft sind es die gleichen Hemmungen, die es auch dem durchschnittlichen Menschen schwermachen, sein Bestes zu geben und seine Gaben für die Gemeinschaft einzubringen.

Kontaktstörung und Gefühlsschwankungen

Eine dritte Gemeinsamkeit neurotisch-sensibler Menschen besteht in der *Kontaktstörung*. Es fällt ihnen nicht nur schwer, auf andere zuzugehen. Sie finden auch nicht das richtige Maß, den richtigen Ton, die richtige Einfühlung, um eine tiefere Beziehung mit andern Menschen aufzubauen. Haben Sie sich schon einmal überlegt, warum Sie mit den einen Leuten so guten Kontakt haben und mit andern einfach »den Draht nicht finden«? Vieles trägt dazu bei, von der äußeren Erscheinung bis zu den gemeinsamen Werten, dem gegenseitigen Interesse, der Stimme, dem Lachen, der Ernsthaftigkeit, dem Augenaufschlag oder den Stirnfalten. Jede Begegnung ist ein subtiler Balanceakt von Nähe und Distanz, den wir mit einem inneren Sensorium wahrnehmen. Übersensible Menschen leiden oft an inneren Ängsten, Zweifeln und überhöhten Erwartungen, die es ihnen schwermachen, sich unbefangen auf das Gegenüber einzulassen und einen tragenden Kontakt aufzubauen.

Ein weiteres gemeinsames Problem sind die häufigen *Gefühlsschwankungen* und *die leichte Kränkbarkeit* sensibler Menschen. Ein Windhauch kann sie aus dem emotionalen Gleichgewicht bringen. Jeder Persönlichkeitstyp hat seine eigene Gefühlspalette. Nicht immer haben wir es nur mit gehemmten, zurückgezogenen depressiven und mißtrauischen Menschen zu tun, die still vor sich

hin leiden, aber die Umgebung nicht behelligen. Depressiv-unbe-
holfener Rückzug kann mit distanzloser Anhänglichkeit ohne
Rücksicht auf die Grenzen der andern einhergehen. Oft ist es
kaum verständlich, wie eine ängstlich-gehemmte Frau nicht nur
mürrisch-gereizt, sondern sogar in verletzender Weise aggressiv
gegen ihre Nächsten werden kann. Die Betroffenen leiden selbst
unter diesen Schwankungen. Spricht man mit ihnen über die
Gründe, so merkt man, daß sich dahinter aber nicht krude Bösar-
tigkeit verbirgt, sondern die Angst: »Wenn ich mich nicht wehre,
dann nimmt man mich nicht ernst und überfordert mich! Ich pro-
biere ja so, mich zusammenzureißen, aber ich habe keine Kraft
mehr!« Für die Angehörigen können solche Verstimmungen aber
zur schweren Belastung werden, die oft zum Rückzug, ja nicht
selten zur Scheidung führen.

Die ständige innere Anspannung kostet Kraft und führt zu
einer *verminderten Leistungsfähigkeit*. Die krampfhaften Versuche, sich emotional zu kontrollieren, die ständig wachsame Absicherung gegen Versagen und Ablehnung, das unaufhörliche Ent-
wirren innerer Konfliktknäuel, die angestrengte Abgleichung
zwischen den eigenen Wünschen und den Gewissensskrupeln –
all dies nimmt sensiblen Menschen die Kraft zum Leben. Ihre
psychischen und vegetativen Beschwerden zwingen sie notge-
drungen, sich mit sich selbst zu beschäftigen. Jede zusätzliche
Leistung wird zur Last, die sensible Menschen an ihre Grenzen
führt. Sie können sich nicht entspannt auf eine Aufgabe konzen-
trieren, in klaren Zügen denken und dann gezielt und zügig handeln. Sie werden unflexibel, voller Angst vor jeder Unvorherge-
henheit. Die Arbeit wird zur permanenten Überforderung. Häufig führt die Leistungsschwäche zum beruflichen Abstieg. Viele
Menschen, die an Ängsten und Depressionen leiden, brauchen
ihre Freizeit ausschließlich dafür, sich für den nächsten Arbeitstag
zu erholen.

Schließlich finden wir als sechstes gemeinsames Symptom
übersensibler Menschen eine Fülle von *vegetativen Beschwerden*,
die auch als psychosomatische Symptome bezeichnet werden.
»Oft habe ich am Morgen noch gar keine Angst«, erzählt eine

Frau, »doch mit den ersten Nachrichten kriege ich so eine Ver-
krampfung in den Schultern, die sich allmählich um meinen ganzen Kopf legt wie eine superenge Lederhaut. Meine Fingerspitzen
werden ganz kalt, und über meinem Herzen empfinde ich einen
schmerzhaften Druck. Ich fühle mich dann so schwach, daß ich
nicht wage, nach draußen zu gehen.«

    Es gibt kein Organsystem, das nicht mitreagieren könnte. Be-
troffen sind alle unwillkürlichen Funktionen, von der Produktion

*Abbildung 4-1: Die gemeinsamen Eigenschaften neurotischer Men-
schen beeinflussen sich gegenseitig.*

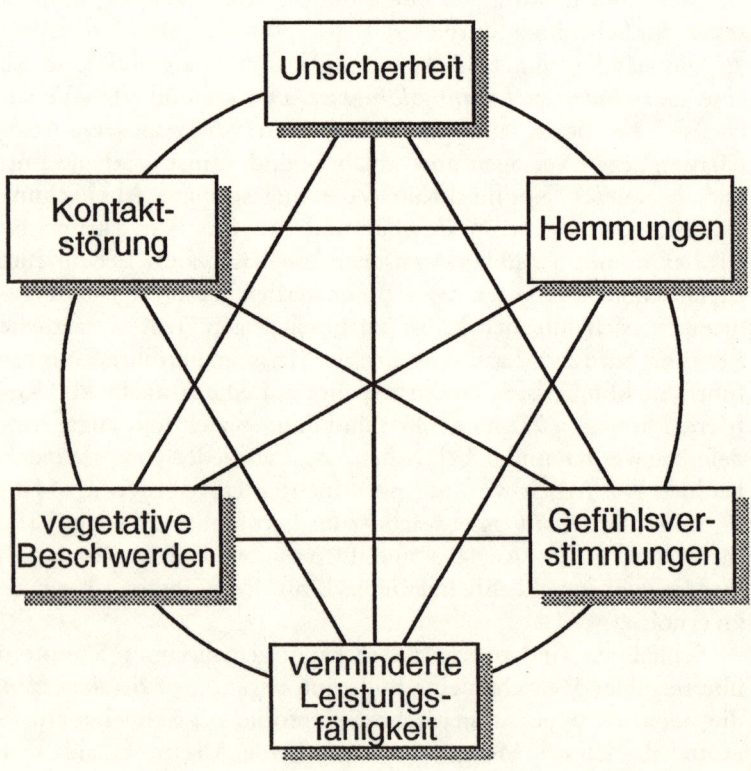

der Magensäure bis hin zum Blutdruck, von der Atemmuskulatur bis zur Durchblutung der Füße. Ganz allgemein stehen Menschen mit Ängsten und Depressionen unter erhöhtem Streß, der sich auch im Hormonspiegel messen läßt. Dadurch ist oft auch der Schlaf beeinträchtigt. Unsere Sprache ist reich an Bildern für den körperlichen Ausdruck menschlicher Gefühle: Es kriecht einem etwas über die Leber, oder es liegt einem etwas auf dem Magen. Man zerbricht sich den Kopf, oder etwas schnürt einem die Kehle zu. Man bekommt kalte Füße, oder das Blut stockt einem in den Adern. Bei sensiblen Menschen entwickelt sich ein Kreislauf von Angst und vegetativen Beschwerden, die sich gegenseitig aufschaukeln können. So könnte man die gemeinsamen Eigenschaften neurotischer Menschen auch als Geflecht sich verstärkender Faktoren sehen, wie dies in Abbildung 4-1 dargestellt wird.

Doch gehen wir mit dieser reinen Beschreibung von Symptomen nicht zu wenig weit? Muß nicht auch etwas gesagt werden über *gemeinsame Ursachen*? Gibt es nicht vorgeburtliche Traumen, frühkindliche Verletzungen, einengende Familienstrukuren, subtile und offene Gewalt in der Schule, sexuellen Mißbrauch, mangelnde Liebe und Wertschätzung, die neurotischen Menschen gemeinsam sind? – Viele neurotische Menschen erleben ihre Symptome im Zusammenhang mit schmerzlichen Lebenserfahrungen. Wir sind jedoch weit davon entfernt, in diesem Bereich einen gemeinsamen Nenner zu finden. Vieles deutet darauf hin, daß sensible Menschen ihre Umgebung schon in der Kindheit anders erleben und daraus die Gründe für ihre späteren Schwierigkeiten ableiten.

Welche Faktoren begünstigen eine spätere neurotische Erkrankung?

Eine sorgfältige und detaillierte Untersuchung neurotischer Störungen wurde von Prof. H. Schepank unter dem Titel »Verläufe – Seelische Gesundheit und psychogene Erkrankungen heute«

veröffentlicht. Darin kommt er zu folgender Verteilung der Ursachen für neurotische Erkrankungen[11]:

30 Prozent	**Erbfaktoren**
25 Prozent	**frühkindliche Entwicklung**
15 Prozent	**Erfahrungen zwischen 5-20 Jahren**
25 Prozent	**spätere Lebenserfahrungen (life events, social support)**

Wie sehr die äußeren Lebensumstände mitspielen, zeigte der Unterschied in der Entwicklung von neurotischen Störungen bei Menschen, die 1935, 1945 und 1955 in Deutschland geboren wurden: So wiesen Menschen, die gleich nach dem 2. Weltkrieg in eine entbehrungsreiche, harte Zeit hineingeboren wurden, »eine deutlich erhöhte Vulnerabilität«, aber *keine* erhöhte Krankheitsrate auf. Sowohl die 1935 als auch die 1955 Geborenen hatten es in der frühen Kindheit offenbar leichter. Dennoch litten sie statistisch gesehen im Erwachsenenalter gleich häufig an neurotischen Störungen.

Schließlich wurde auch untersucht, ob Menschen aus der sozialen Unterschicht vermehrt an neurotischen Störungen erkranken. Hier ergaben sich keine eindeutigen Befunde. Insgesamt geht man aber eher davon aus, daß die psychische Begrenzung oftmals dazu führt, daß ein Mensch sich mit einfacheren Aufgaben zufriedengeben muß. Schepank führt als Gründe an: »Gemeinsame geringere Frustrationstoleranz, erbliche Intelligenzfaktoren, reduzierte Möglichkeiten der Bewältigung, geringere Angsttoleranz, konstitutionelle Faktoren bei dem Einsatz bestimmter Abwehrmechanismen etc.«

Schweregrad und Verlaufsformen der Neurosen

Neurotische Störungen können in unterschiedlichen Schweregraden auftreten. Niemals darf man einen Menschen nur aufgrund seiner Diagnose einseitig als »krank« oder »unfähig« abschreiben.

Selbst Menschen mit ausgeprägten Ängsten und Hemmungen haben neben diesen »dysfunktionalen Anteilen« auch gesunde Seiten. Wir haben es also mit einem unterschiedlichen Grad an Leiden und sozialer Behinderung zu tun, die es sorgfältig abzuklären gilt. In der Therapie wird dazu ermutigt, diese gesunden Seiten zu erkennen und zu stärken. Abbildung 4-2 zeigt in schematischer Form den wechselnden Ausprägungsgrad neurotischer Störungen:

Abbildung 4-2: Der Schweregrad neurotischer Störungen

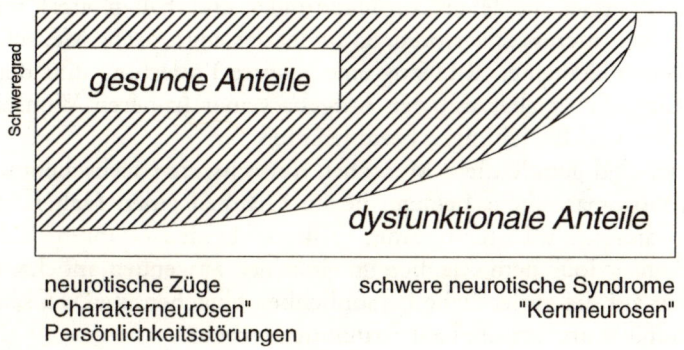

neurotische Züge   schwere neurotische Syndrome
"Charakterneurosen"   "Kernneurosen"
Persönlichkeitsstörungen

Der *Verlauf* der Neurosen ist vielfältig: Grundsätzlich handelt es sich um *länger dauernde* Störungen, die jedoch *phasenhaft* stärker oder schwächer auftreten können. Häufig beobachten wir eine *grundlegende Persönlichkeitsstörung*, auf die sich zeitweise eine schwerere Störung »aufpfropft«. Nicht selten kommt es zu einem Symptomwechsel, d.h. zu Übergängen von einem Symptom zum andern. So kann eine anfängliche Angst-Symptomatik später in eine chronische Depression übergehen.

Nachuntersuchungen haben ergeben, daß es
– bei 20 Prozent zu einer Heilung,
– bei 60 Prozent zu einer Besserung und
– bei 20 Prozent zu einer Verfestigung der krankhaften Symptome kommt.

Die Folge ist bei der letztgenannten Gruppe häufig eine
Voll-Invalidisierung, da die Betroffenen wegen ihrer Beschwerden nicht mehr in der Lage sind, ihre Aufgaben zu erfüllen und
ihren Lebensunterhalt zu verdienen.

Am ausgeprägtesten sind neurotische Störungen zwischen 20
und 40 Jahren. Danach beginnt die Symptomatik oft nachzulas-
sen, und der Betroffene findet ein besseres Gleichgewicht. Häufig
bildet sich dabei ein Restzustand aus – ein Leben in Grenzen, das
aber doch ein erträgliches Dasein ermöglicht. Viele neurotisch
Kranke sind zwar noch arbeitsfähig, mußten jedoch einen beruflichen Abstieg in Kauf nehmen. Oft fehlt es ihnen an Lebensfreude
und Energie. Sie leben zurückgezogen und haben viele ihrer
früheren Interessen verloren. So findet der neurotische Mensch in
seinem allgemeinen Rückzug eine gewisse Entlastung und Beru-
higung, die er aber mit der Aufgabe seiner früheren Wünsche,
Träume und Beziehungen bezahlen muß.

Es sind gerade diese Menschen mit schweren seelischem und
psychosomatischem Leiden, die im Glauben einen Halt finden
und diesen als Unterstützung in ihrem Leiden erfahren. Bevor
wir uns jedoch dem Glauben im einzelnen zuwenden, möchte ich
näher auf die verletzliche Persönlichkeit eingehen, die Menschen
so anfällig und sensibel auf Spannungen macht.

Anmerkungen

1 Dilling et al. 1984; Schepank 1990, S. 18
2 DSM III-R, Diagnostisches und Statistisches Manual psychischer Störungen 1989; ein guter Überblick über die Diskussion um den Neurosebegriff
   findet sich bei Bayer und Spitzer 1985.
3 ICD-10, International Classification of Diseases, 1991
4 Dilling 1981
5 Dies ergab sich auch in den Verlaufsuntersuchungen von Wittchen 1988:
   Nur 16 von 46 untersuchten Patienten suchten einen Psychiater oder Therapeuten auf, nur 7 davon regelmäßig. Fazit: Nur ein Siebtel gingen inner-

halb ihrer 15jährigen Krankheitsgeschichte in eine Therapie im engeren Sinne.

6 Bronisch 1989
7 Wittchen 1988, S. 262.
8 Ich denke hier besonders an Modelle der charismatischen Seelsorge, die auch unter dem Schlagwort der »Inneren Heilung« laufen.
9 Johannes 9,1-12
10 In der Fachliteratur wird von einem »General neurotic syndrome« gesprochen, vgl. Andrews et al. 1990.
11 Schepank 1990, S. 208-209

Kapitel 5

Die »verletzliche« Persönlichkeit und die Formen der Neurosen

Ich fühle mich wie ein rohes Ei, ohne jede Widerstandskraft. Ich halte keine Spannung aus. Die kleinsten Dinge werfen mich aus der Bahn und machen mir Angst!« So und ähnlich beschreiben uns sensible Menschen ihre mangelnde Widerstandskraft und Belastungsfähigkeit. In der Fachsprache redet man von »Vulnerabilität«, zu deutsch »Verletzbarkeit«. Das Konzept hat in den vergangenen Jahren zunehmend an Bedeutung für das Verständnis psychischer Erkrankungen gewonnen.

Dabei ist es keineswegs neu.[1] Der bekannte deutsche Psychiater Kretschmer beschrieb »eine außerordentliche Gemütsweichheit, Schwäche und zarte Verwundbarkeit, auf der anderen Seite einen gewissen selbstbewußten Ehrgeiz und Eigensinn.« An anderer Stelle wurde von einer ans Schmerzhafte grenzenden erhöhten Eindrucks- und Erlebnisfähigkeit gesprochen. Vulnerable Menschen litten unter einer gesteigerten psychischen Empfindlichkeit, verbunden mit der Neigung zu depressivem Rückzug. Aus der übergroßen Sensibilität erwachsen dann auch die Stacheln, mit denen er sich zu wehren versucht gegen die Belastungen und Forderungen, die andere an ihn herantragen – ein eigenartiges spannungsgeladenes Ungleichgewicht der Persönlichkeit.

Entwicklung neurotischer Muster – ein Modell

Ich möchte versuchen, in diesem Kapitel eine Einführung in die neueren Konzepte der Entstehung und der Dynamik der Neurosen zu geben. In dem folgenden Modell der Entwicklung neurotischer Muster nimmt die »vulnerable« oder »verletzbare« Persönlichkeit eine zentrale Stellung ein. Wie wir schon im letzten Kapitel gesehen haben, entsteht sie aus dem komplexen Zusammenspiel von Vererbung, Erziehung und Lebenserfahrungen.

Abbildung 5-1: Ein Modell der Entstehung neurotischer Muster

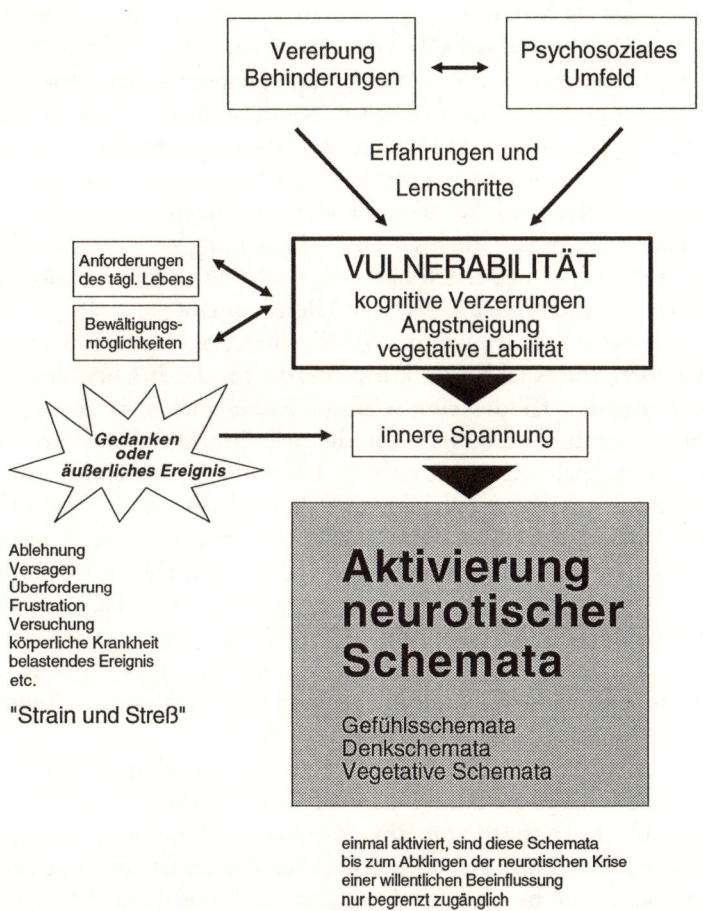

In der Abbildung wurden diese Einflüsse etwas anders grup-
piert: Da sind einmal die *Anlagefaktoren*: Darunter verstehen
wir nicht nur die Gene, die die Persönlichkeit maßgeblich bestimmen[2], sondern auch diejenigen körperlichen Behinderungen, die
einem Menschen das Leben erschweren können. Ich denke da an
das Mädchen mit dem Sprachfehler, das in der Schule ständig aus-
gelacht wird. Oder an den Jungen, der nach einem Fahrradunfall
hinkt und nicht am Turnen teilnehmen kann. Wieviel Entmutigung, wieviele Minderwertigkeitsgefühle können aus solchen Behinderungen entstehen! Oft haben diese Kinder schlechtere Start-
bedingungen für das Leben. Hierher gehören auch diejenigen
Kinder, die als sogenannte »POS-Kinder«[3] unter erhöhter Ab-
lenkbarkeit, Aktivität und Reizbarkeit leiden. Sie fordern ständige
Erziehungsaktionen von Lehrern und Eltern heraus und machen
oft entmutigende und erniedrigende Erfahrungen.

Damit ergibt sich auch schon die Beziehung zwischen der Anlage und dem Umfeld. Ich habe ganz bewußt den weiten Begriff
»Psychosoziales Umfeld« gewählt. Dieses umfaßt viel mehr als nur
das Elternhaus. Dazu gehören die Freunde, die Schulkameraden,
die Lehrer, die Nachbarn – kurz, alle, die für das Erleben des heranwachsenden Kindes eine wichtige Rolle spielen. In der engli-
schen Literatur werden sie als die »significant others« und als
»peers« (Gleichaltrige) bezeichnet. Da ist die dominierende ältere
Schwester mit ihren beleidigenden Sticheleien oder der brutale
Nachbarsjunge, der das kleine Mädchen in einem Schuppen sexuell belästigt und bedroht, es niemand zu sagen. Da ist die partei-
ische Lehrerin, die immer die andern bevorzugt, während der
wichtigtuerische Klassenprimus freche Faxen macht. Aber da ist
auch die gütige Großmutter, die stundenlang Geschichten erzählen kann, oder die freundliche Nachbarin mit ihrer Keksdose
und den aufmunternden Worten.

Da sind die Nachrichten am Fernsehen mit all den schrecklichen Bildern, die ein Kind bis in den Schlaf verfolgen können, die
besorgten Warnungen vor dem Ozonloch und die Geschichten in
der Sonntagsschule. Gerade sensible Kinder verarbeiten alle diese
Eindrücke mit besonderer Intensität, während ihre robusteren

Altersgenossen viel leichter darüber hinweggehen können und ihren eigenen Weg finden.

Lebenserfahrungen und Lernschritte

Während man in der analytischen Tiefenpsychologie von der alles dominierenden frühkindlichen Phase spricht, zeigt es sich zunehmend, daß auch *Erfahrungen und Lernschritte* in der späteren Kindheit, in der Jugend und im Erwachsenenalter einen wesentlichen Einfluß auf die Entwicklung einer späteren Vulnerabilität haben. Liebesenttäuschungen und Schwierigkeiten in der Berufsausbildung, die Ablösung von den Eltern und die ersten Erfahrungen in einer Partnerschaft, all das gehört zur normalen Entwicklung eines jungen Menschen. Doch da sind auch unvorhergesehene und traumatische Erlebnisse, die die Einstellung zum Leben entscheidend verändern können: Der plötzliche Tod eines geliebten Menschen, eine lebensbedrohliche Krankheit, ein unverschuldeter Unfall, unerwartete Kündigung der Arbeit oder eine Vergewaltigung.

Für sensible Menschen sind es aber auch viel weniger einschneidende Lebenserfahrungen, die zur Entwicklung einer vulnerablen Persönlichkeit beitragen können: unerfüllte Wünsche, Beziehungsschwierigkeiten, Ablehnung und Mißgunst durch Arbeitskollegen, seelische Ausbeutung durch einen Lebenspartner und die allmähliche Veränderung des Körperbildes durch das Herauswachsen aus der Jugendkultur. Dabei darf man nie vergessen, daß sensible Menschen bei diesem Lernprozeß nicht nur die Leidenden und Erduldenden sind. Vielmehr können sie durch ihre innere Haltung und die äußeren Reaktionen die Erfahrungen wesentlich mitbeeinflussen. Aus seinen Erfahrungen baut sich jeder Mensch eine grundlegende Weltanschauung, eine *Lebensphilosophie* auf, kurze Sätze und Grundprinzipien, die sein Leben leiten. Hier einige Beispiele:
– »Um glücklich zu sein, muß ich überall beliebt sein.«
– »Ich habe meine Meinungen und brauche nicht ständig die

Zustimmung der andern. Trotzdem kann man gut miteinander
auskommen.«
– »Um mich wertvoll zu fühlen, darf ich bei der Arbeit nie einen
  Fehler machen.«
– »Probleme gehören zum Leben; packen wir's an!«
– »Ich weiß, daß ich nicht perfekt bin, Ich kann noch viel von
  andern lernen.«
– »Wenn mich jemand kritisiert, dann mag er mich als Mensch
  nicht.«
Beachten Sie die Unterschiede! Welche Sätze werden wohl eher ge-
eignet sein, das Leben zu meistern? Ähnliche Sätze lassen sich auch
für den gläubigen Menschen formulieren:
– »Ich fühle mich nur von Gott geliebt, wenn ich spüre, daß
  mich die Leute in der Gemeinde gern haben.«
– »Auch als Christen sind wir unterschiedlich. Ich möchte ande-
  re ermutigen, selbst wenn ich nichts dafür zurückbekomme.«
– »Als wirklich geheiligter Christ darf ich mir keine Fehler erlauben!«
Je unflexibler die Leitsätze, desto anfälliger ist ein Mensch auf Enttäuschungen und Kränkungen, die sich tief in seine Seele fressen.
Er wird verletzlich. Erreicht diese Verletzlichkeit einen gewissen
Grad, so kann man von einer neurotischen Vulnerabilität sprechen.

Drei Elemente der neurotischen »Verletzlichkeit«

Gesunde Menschen gestehen sich Unvollkommenheiten ein und
können sich auch an neue, schwierige Situationen anpassen. Menschen mit einer neurotischen Vulnerabilität hingegen leiden unter
einem brüchigen Selbstwertgefühl, das sie in den Stürmen des Lebens anfällig macht, in »Seenot« zu geraten. Eigentlich ist die neurotische Verletzlichkeit mehr als eine gewöhnliche Sensibilität.
Eine nähere Betrachtung der neurotischen »Verwundbarkeit«
zeigt uns drei Elemente, nämlich
a) im Bereich verzerrter Gedanken und Wahrnehmungen (kognitive Verzerrungen)

b) einer erhöhten Angstneigung

c) einer körperlichen Sensibilität und vegetativen Labilität.

a) KOGNITIVE VERZERRUNGEN[4]: Wie wir schon gesehen haben, sind die Denkmuster neurotischer Menschen nicht flexibel an die Wirklichkeit angepaßt. Man könnte sie auch als »dysfunktionale Abwehrmechanismen« bezeichnen. Sie stellen zu hohe Erwartungen an sich selbst und andere. Sie machen ihr Glück davon abhängig, was andere über sie sagen und denken und wie sich andere ihnen gegenüber verhalten. Dies gilt nicht nur für das Leben allgemein, sondern auch für ihre Religiosität. Hier machen sie sich abhängig von christlichen Leitfiguren und Meinungen, weit hinaus über eine gesunde Orientierung. Jede extreme Strömung stürzt sie in Selbstzweifel und angestrengte Bemühungen zur Veränderung. Dieser fremdbestimmte, an andern orientierte Glaube wird auch als »extrinsisch« bezeichnet und macht anfällig für depressive Reaktionen. Vulnerable Menschen schwanken hin und her zwischen Alles oder Nichts, überhöhten Idealen und bedrohlichen Versagensängsten. Sie pflegen eine selektive Wahrnehmung, sehen eher das Negative, das Belastende, das Feindliche. Oft spüren sie eine Entfremdung, sich selbst und anderen gegenüber. Sie bewegen sich in dieser Welt mit einer ständig nagenden Unsicherheit, ohne sich diese einzugestehen. Sie kommen durch, solange das Leben in Routine ohne allzugroße Anforderungen verläuft, doch bei kleinsten Veränderungen steigt die Spannung und macht anfällig für die Aktivierung einer neurotischen Erkrankung.

b) ANGSTNEIGUNG: Die Angst ist wohl das umfassendste gemeinsame Merkmal neurotischer Verletzlichkeit. Nicht umsonst trägt ein Buch über Persönlichkeitsstörungen den Titel »Grundformen der Angst«.[5] Nicht immer ist diese Angst für den vulnerablen Menschen bewußt spürbar, doch sie lauert im Hintergrund wie ein drohender Schatten. Jede neue Situation ist verbunden mit einem Aufwallen dieser diffusen, lähmenden Angstgefühle, die sich wie eine schwere, klebrige Masse über die Seele legen. Je schwerer das Leiden, desto ausgeprägter die Angst in gewissen Situationen. Es ist diese Angst, die dem vulnerablen Menschen seine Unbefangenheit nimmt, ihn hindert, sich zu entfalten und sich mit Freude und Neugier auf Neuland zu wagen. Und doch verlangt das Leben von jedem, sich neuen Situationen zu stellen und sie zu bewältigen. Die Angst schränkt diese Bewältigungsmöglichkeiten stark ein und kann in Krisen zu ausgeprägten neurotischen Reaktionen führen.

c) VEGETATIVE LABILITÄT: Neurotische Verletzbarkeit drückt sich nicht nur in Gedanken und Gefühlen aus, sondern sie ist eng verbunden mit einem Ungleichgewicht des vegetativen Nervensystems. Gerade in dieser vegetativen Vulnerabilität erweist sich der enge Zusammenhang von Leib und Seele. Der vulnerable Mensch ist eher krankheitsanfällig und macht sich mehr Sorgen um seine Gesundheit. Die Konflikte sensibler Menschen spielen sich nicht nur im Kopf ab, sie sind begleitet von einem vegetativen Spannungszustand, der jederzeit durch äußere Belastungen (Streß) und innere Spannung (Strain) zur Entgleisung gebracht werden kann.

Konfliktverarbeitung und Lebensbewältigung

Die Lebensbewältigung eines Menschen ist entscheidend davon abhängig, wie er mit den alltäglichen und den besonderen Konflikten umgehen kann, die zu unserem Leben gehören. Dabei unterscheiden wir zwischen einer »adäquaten« Verarbeitung und »dysfunktionalen« Bewältigungsformen. In der tiefenpsychologischen Sprache wird auch der Begriff der »Abwehrmechanismen« verwendet. Im Grunde genommen werden damit diejenigen Prozesse umschrieben, die wir hier als »kognitive Verzerrungen« bezeichnet haben. Sie sollen im folgenden nur kurz angetippt und aufgelistet werden:

a) adäquate Konfliktverarbeitung
– realitätsgerecht, Konflikt bleibt bewußt, wird rational verarbeitet

– Verzicht
– Durchsetzung
– schöpferische Lösung

b) Die Abwehrmechanismen des vulnerablen Menschen

Eine ausführliche Darstellung der Abwehrmechanismen ist an dieser Stelle nicht möglich. Der interessierte Leser findet weitere Informationen dazu in der Fachliteratur.[6] Hier einige Stichworte:

– Sie dienen der Abwehr von Angst, dem Ausweichen vor der als schmerzlich empfundenen Realität, sind oft irrational und begleitet von unangenehmen Gefühlen und Körperempfindungen. Die Formen im einzelnen:
– Verdrängung (von Strebungen, Gefühlen)
– Verleugnung (von Grenzen oder z.B. schwerer Krankheit)
– Verschiebung (auf ein anderes Objekt)
– Sublimierung (andere, »höhere« Tätigkeit ersetzt das eigentliche Ziel)
– Isolierung, Abspaltung (von Gefühlen)
– Wendung ins Gegenteil (Überfürsorglichkeit trotz Haß)
– Projektion (auf andere Menschen oder auf Gott)
– Identifizierung (mit einer anderen Person)

Abwehrmechanismen sind nicht immer negativ zu bewerten. Vielleicht sind sie der einzige Weg, wie ein vulnerabler Mensch in drängenden inneren Konflikten überleben kann, ohne völlig zusammenzubrechen. Die Abwehrmechanismen wirken dann wie der Panzer einer Rüstung, der seinen Träger vor Verletzungen schützt, aber ihn auch beschwert und weniger beweglich macht.

Die Aktivierung neurotischer Schemata

»Ich habe lange versucht, mich zusammenzureißen. Ich habe jede unnötige Belastung vermieden.« Frau Kremer rang um Worte: »Aber nun ist alles zusammengekommen: das Telefonat mit meiner Schwiegertochter, das Ohr-Ekzem bei meinem Hund und die schrecklichen Nachrichten im Fernsehen. Ich spüre, wie mich meine Kraft verläßt. Ich bin wieder ganz depressiv. Ich kann nicht mehr ...« Die Patientin, der es über einige Zeit recht gut gegangen war, war in eine neue depressive Krise hineingerutscht.

Erreicht die Spannung einen gewissen Grad, so kann es zur Auslösung eines neurotischen Schemas kommen, das – einmal aktiviert – willentlich nur noch schwer zu beeinflussen ist. Der Vorgang ist modellhaft vergleichbar einer Spieldose, die auf Knopfdruck ihre Melodie klimpert, bis die Walze ihre Umdrehung beendet hat. Die Walze dreht sich, weil sie zuvor durch den Schlüssel aufgezogen worden, unter Spannung gestellt worden ist. Die kleinen Stifte der Walze sind in einem festen Muster verteilt, das dann die Melodie auf den Metallzungen spielt. So ähnlich, wenn auch unendlich komplexer, können wir uns ein neurotisches Schema vorstellen.[7] Während in der psychosomatischen Literatur vor allem die vegetativen Reaktionsformen beschrieben werden, beobachten wir in der Klinik auch vorgegebene Muster von Gefühlen, Verhalten und Denken, die durch einen Stressor aktiviert werden. Verschiedene Synonyme können die Bedeutung des Wortes noch etwas erhellen: So kann man von einem »Repertoire von Gefühls- und Reaktionsweisen« sprechen. Freud spricht von den »Abwehrmechanismen«. Und schließlich könnte man auch den Begriff der »Reaktionsmuster« verwenden. Ihnen allen ist gemeinsam, daß sie nicht bewußt eingesetzt werden, sondern viel eher unter Spannung »in Gang kommen«, ohne daß sie in der Akutphase wesentlich durch den Willen beeinflußbar sind. Ich möchte die neurotischen Schemata einteilen in drei Elemente:
– Gefühlsschemata
– Denk- und Verhaltensschemata
– vegetativen Schemata.

Diese spielen oft zusammen und formen das wechselhafte Bild eines neurotischen Syndroms. Die oben erwähnte Patientin zeigte alle drei Schemata: Ihre *Gefühle* wurden von Verzweiflung und Angst überschwemmt. Eine innere Unruhe ergriff sie, die ihr das Alleinsein fast unerträglich machte. Die *Gedanken* engten sich ein auf die schrecklichen Erfahrungen der Flüchtlinge, die sie im Fernsehen gesehen hatte; die ständige Frage, ob sie das aushalten würde. Gleichzeitig machte sie sich Vorwürfe bezüglich ihrer Tochter, die sie nicht richtig erzogen habe. Auch wenn sie die Gedanken abstellen wollte, so drehten sie sich von alleine weiter, in zwanghafter Grübelei über ihre Fehler. Schließlich machten ihre *vegetativen Beschwerden* sich wieder bemerkbar: ein unerträgliches Frieren trotz normaler Zimmertemperatur, ein Druck in der Magengegend und ein ständiges Schwächegefühl in den Armen. Frau Kremer kennt diese Zustände von früheren neurotischen Krisen. Es ist ihre Art, auf Belastungen zu reagieren, ihr »Schema«, das sich über die Jahre entwickelt hat.

Neurotische Syndrome – ein kurzer Überblick

a) NEUROTISCHE DEPRESSION (DYSTHYMIE): Ein Syndrom mit unverhältnismäßig starker Verstimmung, die meist auf eine traumatische Erfahrung folgt. Der Betroffene beschäftigt sich viel mit Fragen um Verlust, Ablehnung, Versagen und ist gegenüber neuerlichen Belastungen sehr sensibel. Dauer: langwierig, mindestens zwei Jahre. Übergang zu endogenen Depressionen fließend. Meist spielen endogene und reaktive Faktoren mit.

b) ANGSTSYNDROME: Verschiedene Kombinationen psychischer und körperlicher Angstsymptome, die keiner realen Gefahr zugeordnet werden können. Auftreten als plötzlicher **Angstzustand (Panikattacken)** oder als dauernde Angst (**generalisiertes Angstsyndrom**). **Phobien** sind Störungen mit Furcht vor bestimmten Objekten oder Situationen, die normalerweise solche Gefühle nicht hervorrufen würden.

c) NEURASTHENIE: Ein Syndrom mit allgemeiner Schwäche, Reizbarkeit, Kopfweh, Depression, Schlafstörungen, Konzentrationsschwierigkeiten und Mangel der Fähigkeit, Freude zu empfinden. Es kann einer **Infektionskrankheit** oder einer **Erschöpfung** folgen oder sie begleiten oder aus einer **anhaltenden Belastungssituation** hervorgehen.

d) HYPOCHONDRISCHES SYNDROM: Übermäßige Beschäftigung mit der eigenen Gesundheit im allgemeinen oder einzelnen Körperfunktionen, verbunden mit Angst und Depression.

e) HYSTERISCHE SYNDROME (Somatisierungs-Syndrom):
Ausgeprägte körperliche Symptome (Lähmung, Zittern, Blind-
heit, Taubheit, Anfälle u.ä.) oder starke Einengung des Bewußt-
seins ohne organischen Befund, oft stark wechselhaft.

f) ZWANGS-SYNDROM: Denkinhalte oder Handlungsimpulse
drängen sich dem Kranken auf, obwohl er sie als unsinnig erkennt. Gibt er den Impulsen nicht nach, so entwickelt sich eine
unerträgliche Spannung und Angst.

g) ANDERE NEUROSEFORMEN: Dazu zählen verschiedene
seltene Syndrome und v.a. unklare Mischbilder. Neben der speziellen Problematik (z.B. Sexualstörungen, Eßstörungen) zeigen
diese Menschen die erwähnten gemeinsamen neurotischen
Grundsymptome.

Inhaltlicher Wandel bei gleichbleibender Grundsymptomatik

Die oben erwähnten neurotischen Syndrome lassen sich als komplexes, fehlgeleitetes Reaktionsmuster verstehen, ohne daß man
daraus schon Rückschlüsse auf die Ursachen ziehen könnte.
Während das grundlegende Muster dem Syndrom den Namen
gibt, kann es ganz unterschiedliche Facetten des Lebens beeinträchtigen, je nachdem, was dem einzelnen Menschen wichtig ist.
Das neurotische Syndrom ist sozusagen das Gefäß, in dem die
unterschiedlichsten gedanklichen Inhalte Platz haben. Obwohl
man schließlich das Gefäß nach seinem Inhalt benennt, etwa als
»Cola-Flasche« oder als »Bierkrug«, so bleibt das Gefäß letztlich
dasselbe, auch wenn es mit anderem Inhalt gefüllt würde. Die Inhalte haben aber kaum Rückwirkungen auf Form und Beschaf-
fenheit des Gefäßes. So ist auch der Glaube eines Menschen

primär ein Inhalt, der in die schwachen Gefäße der vulnerablen Persönlichkeit ausgegossen sein kann, »ein göttlicher Schatz in einem zerbrechlichen irdenen Gefäß«, um es mit Paulus zu sagen.[8] Der religiöse Faktor widerspiegelt deshalb nur einen inhaltlichen Teilaspekt im Gesamterleben des neurotischen Menschen.

Nicht selten beobachten wir sogar einen Wandel in den neurotischen Denkinhalten, wenn sich ein Mensch dem Glauben zuwendet. Als Beispiel sei ein 27jähriger Patient mit einem ausgeprägten Zwangssyndrom angeführt. Im Vordergrund standen religiöse Zweifel, Zwänge, die Bibel zu lesen und seine Sünden zu bekennen. Seine ständige Fragerei, die krankhafte Skrupulosität führte nicht nur zur Auflösung seiner Verlobung, sondern auch zum Abbruch der dritten Ausbildung. Er wäre ein klassisches Beispiel für diejenigen gewesen, die eine kirchliche Verursachung einer Zwangsneurose postulieren. Doch die Anamnese zeigte ein anderes Bild. Er war in einer aufgeklärten freidenkerisch geprägten Akademikerfamilie aufgewachsen, liberal und weltoffen. Schon als Kind war er sehr gewissenhaft und ängstlich, mit einem Hang, alles möglichst gut zu machen und niemandem weh zu tun. Als Mittelschüler litt er wiederholt an Erkältungen. Allmählich entwickelte er die Angst, er könnte in der Straßenbahn jemanden anstecken. Er begann zunehmend die öffentlichen Verkehrsmittel zu meiden, wenn er Schnupfen hatte, obwohl er einen langen Fußmarsch in Kauf nehmen mußte. Später, während eines Chemiepraktikums, entwickelte er eine phobische Angst vor krebserzeugenden Stoffen, die zu stundenlangen hypochondrischen Grübeleien führten. Jede neue Situation rief neue Zwangsbefürchtungen hervor. Eines Tages wurde er von jungen Christen angesprochen. Er erfuhr eine tiefgreifende Hinwendung zum Glauben und erhoffte sich davon nicht zuletzt eine Heilung von seinen Zwängen. Doch es kam anders: Bald begann er seine Ängste mit geistlichen Themen auszugestalten, von der Frage nach der Heilsgewißheit bis hin zu grüblerischen dogmatischen Fragen. Der Zwang als kognitives Schema war derselbe geblieben, der Inhalt aber hatte sich ins Religiöse gewandelt.

Verletzlichkeit und Individualität

Betrachtet man die Wege, die schließlich zu einer Disposition, einer Vulnerabilität für neurotische Störungen, führen, so sind diese so vielgestaltig, wie es Menschenschicksale nur sein können. Deshalb gilt es, an jeden Menschen und an sein Umfeld in einer zutiefst barmherzigen Haltung heranzugehen, in einer Haltung, die nicht primär nach Kausalität fragt, sondern die das Gegenüber in seinem So-Sein annimmt und versucht, ihn ein Stück Wegs zu begleiten. Dabei bleibt die individuelle Verletzlichkeit immer etwas letztlich Unfaßbares, wie dies sehr schön von Karl Jaspers dargestellt wurde:

»Das Individuum ist aus sich, ist nicht aus anderem zu erklären. Es ist selbst im Ganzen nicht zu erfassen: individuum est ineffabile. Trotz Eingegliedertsein als biologisches Wesen in Erbzusammenhänge, als psychologisches in Gemeinschaft und geistige Überlieferung, so gleichsam im Schnittpunkt zweier Linien, des Erbgutes und der Umwelt, ist es doch nicht bloß Durchgang für diese, ist nie auflösbar, sondern irgendwo es selbst, einmalig, für sich, in geschichtlicher Konkretion als Fülle der Gegenwart, als einzige unvergleichliche Welle der Unendlichkeit des Wellenmeeres zugleich ein Spiegel des Ganzen.«[9]

Ein wesentlicher Teil dieses Individuums ist seine religiöse Dimension, sein Glaubensleben. Wie wir im nächsten Kapitel sehen werden, gibt es auch hier eine Vielgestaltigkeit, die sich letztlich nie ganz fassen läßt, und nur aus der Lebensgeschichte, dem kirchlichen Umfeld und der individuellen Verarbeitungsweise verstehen läßt.

Anmerkungen

1   vgl. die ausführliche Übersicht von Schmidt-Degenhardt 1988
2   vgl. Andrews et al. 1990b sowie McGuffin und Thapar 1992

3 P.O.S. = Psycho-Organisches Syndrom, oder auch Minimale Cerebrale Dysfunktion (MCD): Man versteht darunter eine leichte frühkindliche Hirnschädigung, die nicht nur durch Sauerstoffmangel, sondern auch durch erbliche Störungen entstehen kann. Oft wächst sie sich mit den Jahren aus. Ein hilfreicher Ratgeber für Eltern wurde von Wender 1991 verfaßt.

4 Kognitive Verzerrungen oder »Denkfehler« wurden insbesondere bei depressiven Menschen erforscht und in dem Buch »Kognitive Therapie der Depression« von Beck 1981 umfassend dargestellt. Eine christliche Anwendung der kognitiven Therapie findet sich in den Büchern von Thurmann 1991 und Backus und Chapian 1983. Ein integrativer Überblick wird bei Pfeifer 1988 gegeben.

5 Riemann 1975

6 Eine hervorragende Darstellung gibt Shapiro 1991 in seinem Buch »Neurotische Stile«; aus analytischer Sicht lesenswert ist das Buch von Anna Freud 1984

7 Eine umfassende Darstellung der Rolle des limbischen Systems bei der Auslösung psychosomatischer Reaktion findet sich bei Schmidt und Thews 1987, S. 379. Der Begriff der Schemata wird hier mit »fixen Programmen« umschrieben. Hoffmann und Hochapfel sprechen von einer »stets reproduzierbaren Reaktionsform« (S. 202).

8 2. Korinther 4,7

9 Jaspers K. (1959) Allgemeine Psychopathologie. 7. Auflage. Springer, Berlin-Heidelberg-New York, S. 630

Kapitel 6

Glaube – was ist das eigentlich?

Ich bin ein gläubiger Mensch« – Wie viel kann in diesem kurzen Satz enthalten sein! Für den eine bedeutet es den allgemeinen Glauben an eine übersinnliche Welt, vielleicht ein kurzes Stoßgebet in der Not. Für einen andern ist Glaube eng verbunden mit regelmäßiger Bibellese, Gebet und Gottesdienstbesuch. Der eine verbirgt seinen Glauben in seinem Herzen wie einen wertvollen Schatz und redet kaum darüber, der andere aber sieht einen Auftrag darin, seine Gotteserfahrung möglichst vielen mitzuteilen. Der eine zieht sich in mystische Versenkung zurück, während der andere zusammen mit Glaubensgenossen die Heilige Schrift detailliert studiert und analysiert, um sie besser zu verstehen.

Schon im Jahre 1902 hat der amerikanische Philosoph und Psychologe William James ein Buch mit dem Titel »Die Vielgestaltigkeit religiöser Erfahrung«[1] veröffentlicht. Er beschrieb in faszinierender Einfühlsamkeit und Beredsamkeit die Sehnsucht des Menschen nach der »Wirklichkeit des Unsichtbaren«, die Erfahrung der Bekehrung, den Wert eines geheiligten Lebens (»saintliness«) und das Erleben der Mystiker. Aber er beobachtete auch den Einfluß der »kranken Seele« auf die religiöse Erfahrung: die Selbstunsicheren und die Pessimisten; die Melancholiker und die ständig Klagenden; die Ängstlichen und die ewig Zweifelnden.

Glaube oder Religiosität – wo ist der Unterschied?

Manche Leser werden sich fragen, warum ich nicht einfach von Glaube spreche, von Beziehung zu Gott oder gar von einer Beziehung zu Jesus Christus. Warum verwende ich einen so »schwammigen« Begriff ohne klare inhaltliche Aussagekraft?

Gerade hier aber liegt das Problem der Begriffsverwirrung um die »ekklesiogene«, die »durch die Kirche verursachte« oder die »glaubensbedingte«, ja gar die »von Gott verursachte« »Neurose«: Es wird mit völlig unterschiedlichen Glaubensbegriffen agiert. Wo innerseelische und zwischenmenschliche Ausdrucksformen der Beziehung zu Gott nicht unterschieden werden von den inhaltlichen Aussagen der Bibel, da wird auch nicht mehr klar differenziert zwischen den innerseelischen Erlebnisweisen eines Menschen und seiner psychischen Problematik, die sich vielleicht in einer Neurose äußert.

So bin ich mir wohl bewußt, daß ich mit »Religiosität« ein viel breiteres Spektrum umschreibe, als es mancher gläubige Mensch für sich in Anspruch nehmen würde. Es geht mir darum, ein Wort zu gebrauchen, das möglichst viele Ausprägungen des Glaubens umfaßt. Doch was versteht man denn nun eigentlich unter Religiosität?

Religiosität

Die ursprüngliche Bedeutung der Wurzel des lateinischen Wortes »religio« bedeutet tragen, halten, stützen. Religiosität bedeutet im weitesten Sinne den Ausdruck der Verbindung zwischen Gott und Mensch, zwischen dem überweltlichen, transzendenten Heiligen und dem unvollkommenen, sündigen und leidenden Menschen. Ja, man könnte noch einen Schritt weitergehen: Religiosität ist der Versuch des Menschen, in Kontakt mit Gott zu kommen, sich diesen Gott günstig zu stimmen, unter seinem Schutz zu leben und diesem Gott zu dienen.

Religiosität umfaßt ein weites Feld von der *Herzensüber-*
zeugung (»Gläubigsein«, »Wiedergeburt«, »Heiligung«,
»In Christus sein« etc.) bis hin zu umfangreichen, detailliert vorgeschriebenen, hierarchisch geordneten religiösen
Strukturen (besonders in den großen Kirchen).
Wichtig: beide können sich ergänzen, aber auch unterschiedliche Interessen vertreten.

Religiosität in der Bibel

Schon mit diesen wenigen Worten wird etwas von dem Spannungsfeld skizziert, das dem Glaubensleben innewohnt – das
Spannungsfeld zwischen Herzenshaltung und äußeren Gegebenheiten im menschlichen Miteinander.

Es wäre ein Irrtum zu glauben, der Begriff der »Religiosität«
komme in der Bibel nicht vor. Vielmehr wird er an verschiedenen
Stellen des Neuen Testamentes verwendet, insbesondere von Jakobus (Jakobusbrief 1,26f) und von Paulus (Apostelgeschichte 26,5).

Dabei ist es interessant zu wissen, daß Jakobus beim Wort »religio« nicht nur an die Einhaltung kultischer Bräuche gedacht hat. Er
führte eine viel umfassendere Sicht ein.[2] Dabei wendet er sich »gegen eine bestimmte Religiosität, die sich vom alltäglichen Leben
und der in ihm gegebenen Verantwortung gegenüber dem Mitmenschen gelöst und sich auf weltlose Innerlichkeit oder kultische Ze-
remonie zurückgezogen hat. Religion ist nun aber mit solcher Haltung keineswegs identisch, sondern soll von ihr gerade freigehalten
werden. Religion heißt also für Jakobus: in seinem Gesamtverhal-
ten (also nicht nur im religiösen Gefühl) von der Verantwortung vor
Gott bestimmt zu sein.«

Vielen Christen ist es wichtig, einen Unterschied zwischen
ihrem Glauben und Religiosität zu machen. Christlicher Glaube, so
sagen sie, ist doch eine persönliche Beziehung zu Gott, der uns
durch Jesus angenommen hat. Ich kann dieses Glaubensbekenntnis
voll und ganz teilen. Doch gehen wir einen Schritt weiter. Oftmals

frage ich: »Woran erkennt man denn einen gläubigen Christen?«
Und dann kommen verschiedene Antworten:
»Wenn er an die Bibel glaubt!«
»Wenn er aus seinem Glauben heraus Gutes tut!«
»Wenn er regelmäßig betet und einen Gottesdienst besucht!«
Es zeigt sich also: Der Glaube ist eingebettet in ein Umfeld. Es
wäre also eine Illusion zu meinen, persönlicher Glaube ließe sich
loslösen von Persönlichkeitsstil, von Gemeinschaftsformen, von
Glaubensinhalten und von ethischen Richtlinien, die sich aus dem
Glauben ergeben. Um diese Vielfalt besser zu umschreiben, redet
man auch von *Religiosität*.
Eine hilfreiche Darstellung dieser Zusammenhänge findet sich
in einem Buch der beiden Harvard-Theologen Glock und Stark.[3] Sie
haben fünf Dimensionen des Glaubens herausgearbeitet, die in Tabelle 6-1 dargestellt werden.

Tabelle 6-1

Fünf Dimensionen des Glaubens
(abgewandelt nach Glock und Stark 1963)

1. GLAUBENSBASIS – GLAUBENSINHALT
– Gott/Jesus/Heiliger Geist
– Biblische Wahrheiten, speziell:
– Opfertod Christi – Vergebung der Sünden
– Hoffnung für Leben und Ewigkeit
– Lebensrichtlinien-Ethik

2. GLAUBENS-ERFAHRUNG
– Unrast: Unzufriedenheit mit Gegenwart, Suche nach
  Sinn, Hunger nach Gott
– Gefühl der Verbindung mit Gott, der Gegenwart von Je-
  sus, des Wirkens des Heiligen Geistes
– Vertrauen: mein Leben ist in der Hand Gottes
– innerer Friede: meine Schuld ist vergeben

3. GLAUBENS-WISSEN
- informiert über den Glauben, Heilige Schrift
- Apologetik (Verteidigung des Glaubens)
- Heilsgewißheit (z.B. »Ich bin ein Gotteskind«)
- Gewißheit der Vergebung der Sünden auf der Basis der Aussagen der Bibel
- Fähigkeit, zwischen Gefühl und Tatsache zu unterscheiden (Selbstwert, Schuld)

4. FRÖMMIGKEITS-STIL
- Kirchen- oder Gemeindezugehörigkeit
- Gottesdienstform (z.B. Zeugnis geben, Selbstprüfung vor dem Abendmahl)
- Gebet – Bibellese – Fasten (Häufigkeit, Inhalt, Bedeutung, qualitative Unterschiede)
- missionarische Aktivität

5. GLAUBENS-AUSWIRKUNGEN
- Wie sehr lebt ein Mensch nach seinem Glaubensbekenntnis?
- aktive Nächstenliebe

Konfliktpotential

Halten Sie beim Lesen nun einen Moment inne, und betrachten Sie noch einmal die Tabelle mit den verschiedenen Glaubens-Dimensionen. Welche Elemente des Glaubens können wohl für den neurotischen Menschen konflikthaft werden? Denken Sie zurück an die gemeinsamen Eigenschaften neurotischer Menschen, an ihre Unsicherheit, ihre Hemmungen, ihre Kontaktstörung, die Neigung zu Gefühlsverstimmungen, die verminderte Leistungsfähigkeit. Welchen Einfluß haben sie auf den Glauben?

Die *Unsicherheit* kann sich darin äußern, daß ein Mensch ständig daran zweifelt, ob seine Sünden wirklich vergeben sind – obwohl er mit dem Kopf eigentlich weiß, daß Christus die Schuld auf sich genommen hat. Das Bestreben, nach den Richtlinien der Bibel zu leben, kann beim Zwanghaften dazu führen, sich selbst bei kleinsten Regelverstößen Vorwürfe zu machen oder sich vor dem Abendmahl einer selbstquälerischen Gewissensprüfung zu unterziehen, die weit hinaus geht über das, was eigentlich damit gemeint wird. Eine *gehemmte* Frau mag Schwierigkeiten mit dem Brauch in einer Gemeinde haben, öffentlich Zeugnis abzulegen. Patienten mit einer *verminderten Leistungsfähigkeit* schämen sich oft, daß sie mit den Aktivitäten der Gesunden in der Gemeinde nicht mithalten können und fühlen sich von vielen Anlässen ausgeschlossen, die bis in die Nacht hinein dauern. Menschen mit *Kontaktstörungen* wiederum haben Probleme, sich in eine Gruppe einzugeben, weil die Offenheit und Nähe bei ihnen Ängste auslöst. Wenn diese Menschen dann auch noch erleben, daß man sie nicht versteht und ihnen Vorhaltungen macht, dann ist der Weg nicht weit zum Eindruck, man werde durch den Glauben oder durch die Kirche eingeengt, bedrückt, ja sogar krank gemacht.

Positive Aspekte des Glaubens

Was ist denn aber nun der Wert des Glaubens? Was gibt er dem Menschen, der sich daran festhält und darin gehalten wird? Letztlich kann dies nur der erfassen, der Glauben auch in seiner eigenen Erfahrung kennt. Der Tübinger Theologe Hans Küng hat in einem eindrücklichen Plädoyer gegen die »Verdrängung der Religiosität in der Psychiatrie«[4] einmal folgendes geschrieben:

»Wer aufgrund mangelnder Empfänglichkeit oder Erziehung keine Erfahrung mit Musik hat, wird die heilende oder anregende Kraft von Musik nie richtig einschätzen können; er ist ärmer als andere. Und man darf wohl auch sagen: Wer die Religion nicht kennengelernt hat (sei es aufgrund individualbiographischer Störungen, philosophischer Prämissen oder gesellschaftlicher Vorurteile), wird nie die großen spirituellen Ressourcen kennen, die für das Wohl eines Patienten entscheidend sein können; er ist ärmer als an-

dere, die über Erfahrungen mit Religion im befreienden, heilenden Sinn verfügen.«

Geistliche Kraftquellen – wie leicht werden sie durch das einseitige Reden von den problematischen Seiten der Frömmigkeitsausübung vernachlässigt, verachtet, ja gar verschüttet! Es ist deshalb an der Zeit, einmal deutlich die positiven Seiten des Glaubenslebens zu betonen. Unzählige gläubige Menschen bezeugen, welche Hilfe ihnen der Glaube im Alltag, aber insbesondere auch in Krisen ist.

Selbst Menschen, die in manchen Bereichen an Verzerrungen und Einengungen leiden, fühlen sich von Therapeuten und Ärzten gründlich mißverstanden, wenn diese ihren Glauben als Ganzes in Zweifel ziehen oder für ihre Probleme verantwortlich machen. Deshalb ist es für die Beratung des religiösen Menschen, der an sich selbst und anderen leidet, enorm wichtig, daß der Therapeut oder Seelsorger in der Lage ist, mit ihm diejenigen Bereiche seines Glaubens herauszuarbeiten, die ihm helfen, sein Leben besser zu bewältigen.

Halt im Glauben

Ich möchte im folgenden versuchen, den Wert des Glaubens in zwei Bereichen zu beschreiben:

a) Der Wert des Glaubens im allgemeinen Sinne.
b) Der Wert des Glaubens beim Menschen, der durch psychische Krisen geht.

Der allgemeine Wert des Glaubens:

1. Persönliche Sinngebung für das Leben
2. Trost und Kraftquelle in den Widerwärtigkeiten des Lebens
3. Ethische Leitlinien
4. Soziale Unterstützung

Die *Frage nach dem Sinn* ist für jeden Menschen irgendwann aktuell. Manche fangen schon früh an, sich darüber Gedanken zu machen; bei andern drängt sie sich erst ins Bewußtsein, wenn der geruhsame Gang der Dinge erschüttert wird, wenn sie durch Unbill und Leiden an ihre Grenzen kommen. »Wer bin ich? Woher komme ich? Wozu bin ich auf dieser Welt? Wohin gehe ich? Was geschieht nach dem Tod?« Diese Fragen lassen sich mit den Argumenten diesseitiger Alltagsweisheit nie restlos beantworten. In der Not kann die Vernunft nicht trösten. Und in Sinnfragen kann sie keine letzte Antwort geben. Hier greift jeder Mensch auf den Glauben zurück, sei er nun einfach oder intellektuell, philosophisch oder religiös. Für den gläubigen Christen ist der Glaube an die Aussagen der Bibel, das Wissen um ein Gehaltenwerden durch Gott, die Hoffnung, die zum »festen Anker seiner Seele« (Hebräer 6,19) wird.

Doch allein schon das biblische Bild vom Anker ist für manche zwiespältig. Denn Halt kann ein Anker nur geben, wenn er fest verbunden ist mit dem Felsen. Pointiert gesagt: »Ohne Kette geht es nicht«, oder anders: *Halt ohne Verbindlichkeit ist nicht möglich.* Wer versucht, sich von jedem Halt, von jeder Verbindlichkeit zu lösen, der mag »frei« sein – doch um welchen Preis?

Der Glaube gibt auch *Trost und Kraft in den Widerwärtigkeiten des Lebens.* Die Psalmen spiegeln etwas wider von der Kraft des Glaubens in der Not. Diese Gebete »aus der Tiefe« fassen in Worte, was gläubige Menschen in allen Zeiten und Generationen immer wieder erleben. Die Probleme werden nicht einfach verdrängt; nein, sie werden vor Gott gebracht – herausgeschrien mit der erstickten Stimme des Ertrinkenden, dem heiseren Krächzen des Verdurstenden, dem kaum hörbaren Seufzen des Erschöpften. Verzweiflung, Angst und Wut untermalen die Schilderungen von äußerem Unrecht und innerem Leiden, von hilflosem Ausgeliefertsein an übermächtige Bedrücker und zerknirschter Reue über begangene Sünden. Doch auf dem dunklen Hintergrund der Klage bricht immer wieder das Licht durch – dieses in Gott begründete »Dennoch«, das Kraft gibt zum Widerstand, zum Durchhalten, zum Aufblick auf den gnädigen und vergebenden Gott, auf den Tröster, der einst Weinen in Lachen verwandeln wird.

Ethik und soziale Aktion

Der Glaube bleibt nicht nur stehen in persönlichem Zuspruch. *Wahrer Glaube wirkt sich auch aus auf die Gestaltung des Lebens und des Zusammenlebens.* Der Mensch kann ohne Leitlinien nicht leben, so wie eine Straße ohne Markierungen und Leitplanken zur Todesfalle wird. Die Zehn Gebote gaben die ersten ethischen Leitlinien, Grundregeln, die Beziehungen erst sicher und geordnet machen, Grundregeln, die dazu verhelfen, daß die Freiheit des einzelnen auch die Grenzen des andern respektiert. Jesus hat diese Gebote aufgenommen und vollumfänglich unterstützt. Aber er hat sie auch befreit vom menschlichen Beiwerk der Pharisäer, von unnötigen Belastungen heuchlerischer Privilegienhüter. In ihm eröffnete sich eine neue Dimension, die sich schon im Alten Testament abzuzeichnen begann: Seine Gnade und Vergebung überwindet eine menschenverachtende Gesetzlichkeit. Aber gleichzeitig gibt er auch Kraft, den Ausgleich zwischen Freiheit und Verantwortung zu finden, ohne den menschliche Gemeinschaft nicht möglich ist.

Und damit sind wir beim vierten wesentlichen Wert des christlichen Glaubens angelangt: *Die gegenseitige Unterstützung durch die Gemeinschaft mit anderen Christen.* Christliche Gemeinschaft ist therapeutisch. Mehr noch: Sie wirkt vorbeugend gegen die so oft beklagte Vereinsamung des modernen Menschen. Wer nicht aus eigener Erfahrung etwas von der tragenden und formenden Kraft verbindlicher Beziehungen mit anderen Christen kennt, kann wohl nie ermessen, welche Kraftquelle darin liegt. In christlichen Zweierschaften, Hauskreisen, Jugendgruppen und Gottesdiensten erlebt der gläubige Mensch Zugehörigkeit und Annahme, gegenseitige Ermutigung und Trost[5], Ablenkung von den eigenen Sorgen und eine neue Ausrichtung auf den gemeinsamen Glauben an Gott. Lieder und Gebete, Abendmahl und Segenserteilung können eine ganz neue Erfahrungsdimension in seinen Alltag bringen. Doch er kann dort auch etwas anderes erfahren, das nicht minder wertvoll, wenn auch manchmal schmerzlich ist: Zurechtweisung und Ermahnung, Sich-Einfügen in die Gemeinschaft unter Aufgabe überhöhter Selbstwertgefühle und Anspruchshaltungen. Hier ist die Möglichkeit, »Gemeinschaftsgefühl«[6] zu lernen, nämlich »den andern in Bescheidenheit höher zu achten als sich selbst, und nicht nur auf das Seine zu achten, sondern auch auf das, was des andern ist«.[7] So wächst aus der Gemeinschaft der Christen auch *soziale Aktion*, praktische Hilfe für Menschen, die es nicht so gut haben.

Glaubenshilfe in psychischen Krisen

»Das mag schön und gut sein für die Gesunden«, mögen einige denken, »doch was bringt Religiosität denen, die trotz ihres Glaubens krank und psychisch angeschlagen sind; denen, die leiden an ihrem Unvermögen, ihrer Kraftlosigkeit, ihrer Depression, ihrer Angst? Müssen sie sich nicht von Gott verlassen fühlen?« Die ärztlichen Gespräche mit seelisch Leidenden haben mir ein anderes Bild gezeigt, ein vielgestaltiges Bild, wie es von Erich Schick in seinem Seelsorge-Klassiker »Der Christ im Leiden«[8] tiefschürfend dargestellt wurde. Das Leiden, so Schick, sei »eine steile Brücke über schwindelnden Abgrund, über den Abgrund der Schuld, der Zerstörung, der Verzweiflung«. Aber: »Die Brücke des Leidens ist zugleich die Brücke der Sehnsucht und die Brücke der Verheißung.«[9]

So kann sich gerade im Leiden der Glaube auch als besondere Kraft erweisen, die ich im folgenden kurz skizzieren möchte:

Glaubenshilfe in psychischer Krankheit:

1. Glaube als Quelle der Kraft in der seelischen Not
2. Glaube als Schutz vor Verzweiflung und Suizid
3. Glaubensvertiefung durch das Leiden

Ich erinnere mich noch gut an jene Frau, die nach dem plötz-
lichen Tod ihrer Tochter eine schwere Depression entwickelte. Sie
berichtete mir: »Nach dem Unfall meiner Tochter konnte ich wo-
chenlang nicht richtig beten. Ich habe gelebt von dem, was ich von
der Bibel auswendig konnte. Ich habe erst jetzt gemerkt, wie
wichtig es ist, Psalmen und Bibelverse auswendig zu lernen. Als
ich nicht beten konnte, da habe ich das im Kopf bewegt, was ich
auswendig gelernt hatte – und das hat mich begleitet. Ich hatte eine
tiefe innere Leere, und doch konnte ich sagen: Herr, du bist da, ich
vertraue dir. Auch wenn es mir schlecht geht, auch wenn ich oft
weinen muß: ich vertraue dir ...« So wurde für sie der Glaube zur
Quelle der Kraft trotz Verzagtheit, Zweifel, Kraftlosigkeit. Bibel-
stellen und Liederverse sind dann wie Vorräte, die auch in der Wü-
ste durchtragen. Selbst wenn von außen nichts mehr an den Menschen heranzukommen scheint, so wird doch eine innere Quelle
geöffnet, die selbst als kaum wahrnehmbares Rinnsal noch am Leben hält.

Und hier wird der Glaube für viele zum *Schutz vor dem letzten
Schritt der Verzweiflung, dem Suizid.* Wenn die Bindung an das
Leben immer brüchiger wird, wenn immer weniger Fäden sich
spannen zum Ufer des Diesseits, dann kann der Glaube noch die
letzte Hoffnung wider die drängende Hoffnungslosigkeit sein.
Manchmal spielt auch die Angst vor Strafe und ewiger Verloren-
heit mit und hält quasi als ethische Leitplanke den Sturz in die Tiefe auf, obwohl alle anderen Verankerungen sich gelöst haben. Als
Seelsorger ist man in einem Dilemma: Weder steht es uns zu, zu
richten über diejenigen, deren Kraft nicht mehr ausreichte, in dem
für sie unerträglich gewordenen Leben zu bleiben, noch wollen
wir diesen letzten Halt der Angst unterminieren, der einen Menschen vor dem Abgrund bewahrt. So erlebe ich es als Arzt immer
wieder besonders schön, wenn der Todeswunsch sich wandelt zur
Ewigkeits-Sehnsucht ohne suizidale Eigenhandlung, zur Ewigkeits-Sehnsucht, die den Spannungsbogen des Leidens noch so
lange aushält, bis Gott selbst eingreift und Erlösung schenkt.

Nicht selten erleben Menschen gerade in einer seelischen Krise
eine *Vertiefung ihres Glaubens*, in einem Maße, wie dies ohne ein

solches Erlebnis nie möglich gewesen wäre. Die äußere Hoffnungslosigkeit, der Verlust von Selbstsicherheit und Schaffenskraft, der schale Geschmack oberflächlicher Zerstreuung führt sie in die Tiefe und in eine vermehrte Abhängigkeit von Gott. Sie entwickeln eine reifere Haltung gegenüber dem Leiden. Sie lernen durchzuhalten auch in Belastungen und Spannungen. Worte des Trostes, über die sie in guten Zeiten so leicht hinweggelesen hatten, entfalten erst jetzt ihre tiefe Bedeutung für das persönliche Erleben: Sie signalisieren Gehaltenwerden inmitten der Bodenlosigkeit, Licht im undurchdringlichen Smog, erfrischenden Regen im ausgedörrten Wüsten-Wadi. Mehr noch: Eigenes Leiden führt zu einer reiferen Haltung gegenüber anderen Leidenden. Manch einer, der früher hart war in seinem Urteil über diejenigen, die nicht so leistungsfähig waren, gewann im eigenen Leiden ein tiefes Einfühlungsvermögen für andere, eine neue Barmherzigkeit für die Schwachen.

Warum kann Glaube notvoll werden?

Ich komme mir vor wie einer, der versucht, mit stammelnden Worten einen unermeßlichen Schatz zu beschreiben, mit einer vergilbten Schwarz-Weiß-Fotographie etwas von der farbenprächtigen Schönheit eines Naturwunders wiederzugeben, wie einer, der versucht, mit dürren Worten die erhabene Klangfülle einer Symphonie einzufangen.

Wie ist es nur möglich, daß der Reichtum des Glaubens auch derart schmerzliche Seiten in sich bergen kann, wie sie in diesem Buch geschildert werden? Warum kann die Kraft und Schönheit des Glaubens nicht alle Nöte und Schwächen des Menschen überstrahlen? Warum kann das, was dem einen Kraft und Hoffnung gibt, beim andern zur Belastung und zur Enge werden? Die Analogie mit der Musik mag etwas von diesem Spannungsfeld illustrieren:

Jeder von uns kennt in irgendeiner Form die heitere Gelassenheit einer fröhlichen Melodie, die begeisternde Inspiration mit-

reißender Rhythmen, die heilende und tröstende Kraft eines Lie-
des oder die ehrfurchtgebietende Feierlichkeit eines Oratoriums.
Fast möchte man sagen: »Wohl dem, der die Musik in seinem Leben kennt und liebt.«

Und doch kenne ich von meinen Patienten auch deren *Nöte
mit der Musik*: schmerzliche Erinnerungen an die krampfhaften
Versuche, ein Instrument zu lernen; ohnmächtig-wütendes Leiden an einer ehrgeizigen Mutter, die die Tochter zur Klaviervir-
tuosin erziehen wollte; verzweifelte Selbstabwertung, weil man in
der Depression nicht mehr in der Lage ist, seine Gefühle in der
Musik auszudrücken und sich in den Klängen eines Instruments
zu verlieren.

Wenn im folgenden nun von »krankmachender« Frömmigkeit
und neurotischem Leiden am Glauben die Rede sein wird, so soll
und kann der Glaube in keiner Weise abgewertet werden. Vielmehr soll der Leser ein besseres Verständnis bekommen für die
enge Verwobenheit des Glaubens mit dem Erleben eines Menschen im guten wie im problematischen Sinne. Wir wollen versuchen zu unterscheiden zwischen dem Glaubensinhalt und dem
Glaubensstil; dem Sinngehalt des Wortes und der Frömmigkeit
des Menschen; der Freiheit des einzelnen in Christus und der
Eingebundenheit in eine Gemeinschaft von anderen Menschen.
Eines wird deutlich werden, was schon Paulus in die ewig-gülti-
gen Worte gefaßt hat: »Wir haben diesen Schatz [des Glaubens] in
irdenen [zerbrechlichen und unvollkommenen] Gefäßen, auf daß
die überschwengliche Kraft sei Gottes und nicht von uns.«[10]

Anmerkungen

1 James 1902/1982
2 Burkhardt 1990, S. 16 f.
3 Glock und Stark 1963
4 Küng 1987

5 Eine wertvolle Anleitung findet sich in dem lesenswerten Buch von Crabb und Allender 1986: »Dem andern Mut machen«
6 nach Alfred Adler
7 vgl. Philipper 2,1-6
8 Schick, 1982
9 Schick, S. 33f
10 2. Korinther 4,7

Kapitel 7

Frömmigkeit und Neurose

Die kleine Natalie mit ihren blonden Locken und den großen blauen Augen ist ein gewissenhaftes und sensibles Kind, ein gutes Mütterchen für ihre Puppen. Und jeden Abend bereitet die 8jährige Schülerin ihre Schultasche für den nächsten Tag vor, um am Morgen bereit zu sein für die Schule. Als sie einmal ein Heft vergessen hatte, war ihr das furchtbar, obwohl die Lehrerin sie ganz freundlich ermahnt hatte. Wenn die Mutter sie einmal zurechtweisen muß, denkt sie noch tagelang darüber nach und versichert sich immer wieder, »Gelt, Mami, du hast mich noch lieb?« Als kleines Kind hatte sie oft unter übermäßiger Angst gelitten; auch jetzt noch hat sie Mühe, abends einzuschlafen. Ihre beiden jüngeren Schwestern sind da ganz anders. Sie sind robuster und durchsetzungsfähiger, eher dem ruhigen, starken Vater ähnlich. Natalie hingegen gleicht ihrer Mutter, einer sensiblen, musisch hochbegabten Kindergärtnerin. Sie hat das Vorrecht, in einer Familie aufzuwachsen, in der sie viel Liebe und Geborgenheit erhält. Ihre Eltern sind offene und gebildete Menschen, überzeugte Christen, die mit beiden Beinen in der Welt stehen.

Während einiger Wochen fiel den Eltem auf, daß Natalie seltsam bedrückt, nachdenklich und ängstlicher war. Sie war noch gewissenhafter als sonst, räumte ihr Zimmer makellos auf und gehorchte in fast unheimlicher Beflissenheit. Schließlich fragte die Mutter einmal nach dem, was sie beschäftigte. »Mami, ich habe so Angst, daß ich nicht mitgehen kann, wenn Jesus wiederkommt! Unser Sonntagsschullehrer hat gesagt, daß wir nur dann bereit sind, wenn wir Jesus um Vergebung für jede Sünde gebeten haben. Und sonst sind wir nicht dabei! Und wenn du einmal sagst, ich solle den Tisch abräumen und ich gehorche nicht gleich, dann ist das schon wieder eine Sünde!«

Die Eltern redeten schließlich mit dem Sonntagsschullehrer und erklärten ihm, welchen Einfluß seine Darstellung der Dinge auf Natalie gehabt habe. Und sie versuchten, auch Natalie deutlich zu machen, daß nicht die sklavische Einhaltung aller Gebote zu jeder Zeit darüber entscheidet, ob man einmal bei Jesus sei, sondern die Grundhaltung des Herzens.

Fall-Analyse

Betrachtet man nur die Episode der Sonntagsschulgeschichte, so wäre man versucht, in der Tat alle Probleme der kleinen Natalie auf die religiöse Erziehung und eine verzerrte, übergesetzliche Darstellung von Evangeliumsinhalten in der Sonntagsschule zurückzuführen. Man ist versucht zu sagen: Für dieses Kind wurde Frömmigkeit zum Alptraum, zum bedrückenden, ja zum krankmachenden Ballast. Man fühlt sich unwillkürlich an die »Gebete vor Morgengrauen« in Tilmann Mosers Buch »Gottesvergiftung« erinnert, der in erschütternder Intensität seine Not mit dem Gottesbild seiner Kindheit herausschreit.[1]

Andere vermuten die Schuld bei den Eltern: Welche unterschwelligen Botschaften der Ablehnung muß dieses Kind erhalten haben, welche Traumata muß es erlebt haben, daß es derart unter Verlassenheitsängsten und Autoritäts-Unterwürfigkeit leidet! Doch ich kenne die Eltern persönlich und weiß, daß sie in überdurchschnittlicher Einfühlung mit ihren Kindern umgehen. Weder ein »neurotisierender« Einfluß der Eltern noch die Tatsache, daß das Kind einen Bezug zum Glauben hat, reichen aus, um zu erklären, warum Natalie mit so starker Angst auf die Sonntagsschulgeschichte von der Wiederkunft Jesu reagierte. Denn andere Kinder in der gleichen Sonntagsschule nahmen die Sache nicht so ernst, obwohl sie sicher auch dabei sein wollten, wenn Jesus wiederkommt. Bei Natalie jedoch fiel die Botschaft auf den Boden einer übersensiblen, ängstlichen und übergewissenhaften *Grund-persönlichkeit*. Die untenstehende Tabelle 7-1 soll darstellen, welche Faktoren im Leben von Natalie belastend und welche hilfreich sein können.

Wie würde sich wohl ein sensibles Kind entwickeln, das keinen Bezug zum Glauben hätte? Wäre es lebenstüchtiger, weniger »neurotisch«, unbeschwerter? Nicht sicher. Oft leiden gerade sensible Menschen an der Frage nach dem Sinn, nach den Ursachen ihrer übermäßigen Sensibilität und daran, daß die Umwelt sie nicht versteht in ihrer Sehnsucht nach Liebe und Anerkennung. Auch ohne Glauben kann es zu Schuldgefühlen und Ängsten kommen, die dann durch Berichte über hungernde Kinder und drohende Kriege in ähnlicher Weise Nahrung erhalten wie durch biblische Geschichten. Mehr noch: Für Menschen ohne Glauben gibt es keinen Halt in einem Gott, der die Hand über ihnen hält, zu dem sie beten können und dem sie auch in Widerwärtigkeiten vertrauen dürfen.

Tabelle 7-1:
Hilfreiche und belastende Faktoren im Leben von Natalie

	hilfreich	belastend
Grund-persönlichkeit	feinfühlig, musisch, tiefe persönliche Beziehungen, Treue	übergewissenhaft, perfektionistisch, Neigungen zu Ängsten und Schuldgefühlen
Alltag	stabile und liebevolle Familie, verständnisvolle Lehrerin, gute Schulfreundin	Erkennen von eigener Unvollkommenheit (Sünde), übermäßiges Leiden an Versagen und Ablehnung
Glaube	Halt im Wissen, von Jesus geliebt und geschützt zu sein. Entspannte Haltung der Eltern in Glaubensfragen	Betonung einer gesetzlichen Lehre von Vollkommenheit in der Sonntagsschule. Förderung der Angst, bei der Wiederkunft Jesu zurückgelassen zu werden.

Frömmigkeit, ein erstrebenswertes Gut?

Frömmigkeit ist in der heutigen Gesellschaft »out«. Selbst in christlichen Kreisen hat man Mühe mit dem Begriff, der allzu oft verbunden ist mit Enge und Gesetzlichkeit. Umso wichtiger erscheint es daher, den Begriff an seinen Wurzeln zu verfolgen. Was bedeutet es, wenn Paulus dem Timotheus ans Herz legt: »Aber du, Gottesmensch, ... jage nach der Gerechtigkeit, *der Frömmigkeit*, dem Glauben, der Liebe, der Geduld, der Sanftmut!«[2] Ein Blick in die ursprüngliche Bedeutung im Griechischen zeigt uns einen ganz neuen Gehalt. Das griechische »eusebeia« bedeutet eigentlich »vor jemandem oder etwas zurücktreten« und enthält Elemente der Ehrfurcht und des Staunens. In der griechischen Kultur bedeutete Frömmigkeit ganz allgemein, daß die Erhabenheit von Dingen, Menschen oder Göttern »heilige Scheu, Staunen oder Bewunderung hervorruft. Die religiöse Verehrung kann sich dementsprechend auf sehr verschiedene Objekte richten: das Vaterland, eine Landschaft, Träume, die Eltern, Verstorbene, Heroen... Verehrungswürdig sind für die Griechen vor allem die Glieder der eigenen Familie einschließlich der Vorfahren, die Götter und die von diesen garantierten Ordnungen. Im religiösen Sprachgebrauch ist der Übergang von Achtung, Ehrung zur kultischen Verehrung fließend.«[3]

In den Briefen des Apostels Paulus erhält das Wort Frömmigkeit eine neue Bedeutung. Sie wird zum Ausdruck der Nachfolge Christi und macht den persönlichen Glauben in den Werken sichtbar, ohne daß damit eine einseitige Werkgerechtigkeit gemeint ist. Auch in der deutschen Sprache hatte das Wort »fromm« eine Bedeutung, die weit über bloße religiöse Pflichterfüllung hinausging. Ein frommer Mensch war einer, der rechtschaffen und tüchtig war, dem es nicht nur um sich selbst, sondern auch um die Anliegen der andern und die Förderung des Gemeinwohls ging. Erst die Verwendung des Wortes in der deutschen Bibelübersetzung Luthers (»Ei, du frommer und getreuer Knecht«) gab dem Wort den heute fast altertümlichen Beigeschmack eines gottergebenen, den Belangen dieser Welt entfremdeten Lebens.

Das Auseinanderklaffen von äußerer und innerer Haltung, von weltfremder religiöser Abgehobenheit und mangelnder Einfühlung in die Mitmenschen brachte dann im 18. Jahrhundert den Begriff des »Frömmelns« hervor. Erst die Entwicklung der Sprache hat also die »Frömmigkeit« ins religiöse Getto verbannt.

So hat nun Frömmigkeit zwei Bedeutungen, nämlich
a) im engeren Sinne die Ausübung religiöser Pflichten und Formen,
b) im weiteren Sinne eine Grundeinstellung dem Leben gegenüber.

Frömmigkeit im engeren Sinne beschreibt die Ausdrucksformen des Glaubens: Wie oft und in welcher Form man etwa betet (laut oder leise, für sich allein oder in einer Gruppe, freies Gebet oder Lesen vorformulierter Gebete, verständliches Gebet oder Zungenreden); wie man die Bibel liest und Stille Zeit macht; ob und wie man Gemeinschaft mit anderen Christen pflegt; ob und in welcher Form man das Abendmahl einnimmt; ob und wie man in Kleidung und Haartracht seinen Glauben zum Ausdruck bringt; welche Rituale (oder Sakramente) man als wichtig für die Ausübung des Glaubens betrachtet (z.B. Kinder- oder Erwachsenentaufe, Konfirmation oder Firmung, kirchliche Trauung etc.); welche Feste man feiert und welche Bedeutung man ihnen zumißt. Schließlich wird die Frömmigkeit auch geprägt durch die Kirche oder Gemeinschaft, der man sich zugehörig fühlt, inhaltlich vorgegeben durch deren Autoritätspersonen (Pfarrer, Prediger, Evangelisten oder auf katholischer Seite Priester, Bischöfe und Papst).

Frömmigkeit ohne Glaube?

Im weiteren Sinne aber geht es doch um eine Grundhaltung der *Ehrfurcht vor dem Leben*, dem Anliegen um gute *Beziehungen* mit den Mitmenschen, der Bereitschaft persönlichen Nachgebens, wenn es dem *Frieden* dient; es geht um *Loyalität* gegen-

über der Familie und *Dankbarkeit* gegenüber denen, die einem
Gutes gegeben haben, um *Solidarität* mit Schwächeren und mit
Randgruppen. Menschen mit dieser Grundhaltung sind offen ge-
genüber sozialen Nöten, geben für Hungrige, Obdachlose und
Leidende. Sie betrachten ihr Wohlergehen nicht als selbstver-
ständlich, sondern als ein Vorrecht, das sie im Grunde nicht selbst
erarbeitet haben. Im modernen Jargon würde man vielleicht von
einem sozial engagierten, umweltbewußten und friedensbewegten
Lebensstil sprechen. Beim Christen entspringt diese Haltung
nicht nur einem allgemeinen Verpflichtungsgefühl gegenüber der
Gesellschaft, sondern letztlich dem Wunsch, nach dem Willen
Gottes zu leben.

Diese allgemeine Bedeutung der Frömmigkeit findet sich nicht
nur bei religiösen Menschen, sondern auch bei vielen hochanstän-
digen, feinfühligen und sozial empfindenden Menschen ohne
einen ausgeprägten christlichen Glauben. Die meisten können die
oben geschilderten Ideale gut ins Leben integrieren und behalten
dabei gleichzeitig ein gesundes Empfinden für ihre eigenen Bedürfnisse und Grenzen.

Besonders ausgeprägt wird die Beschäftigung mit diesen Tu-
genden aber bei denjenigen, die übermäßig sensibel sind und unter vermehrten Ängsten und Depressionen leiden. Sie nehmen
moralische und ethische Verpflichtungen ernster als andere, obwohl sie gleichzeitig wieder darunter leiden, sich dadurch unter
Druck zu setzen. Hier ist nach meiner Beobachtung ein wesentlicher Kern des Konfliktes zwischen Neurose und Religiosität.
Während Frömmigkeit nämlich nur die persönliche Ausgestal-
tung des Glaubenslebens bedeutet, stellt die Bibel und die Kirche
als Ganzes auch allgemeine Regeln und Anforderungen auf, die
z.T. auslegungsbedürftig sind und nicht für jeden im gleichen
Maße gelten. Hier entstehen Konflikte.

So wollen wir uns im folgenden fragen: In welcher Weise beeinflußt eine sensible, neurotische Grundpersönlichkeit das Ausleben des Glaubens, *und umgekehrt: Welchen Einfluß hat die
christliche Religion auf die Erlebnisweise eines sensiblen Menschen?*

Der neurotische Konflikt im Spannungsfeld
von Ideal und Realität

Bevor wir uns den möglichen Ursachen religiös-neurotischer
Konflikte im einzelnen zuwenden, möchte ich versuchen, mit
einer Übersichtsdarstellung die Spannungsfelder abzustecken, in
denen sich jeder Mensch, ob er nun gläubig ist oder nicht, bewegt
(Abbildung 7-1). Dabei ist zu unterscheiden zwischen dem äußeren Rahmen und dem inneren Erleben.

1. Der ÄUSSERE RAHMEN ist geprägt von zwei wichtigen
   Elementen:
a) *Kultur bzw. Subkultur*[4]: Mit diesen Begriffen wird das allgemeine Umfeld beschrieben, in dem ein Mensch lebt und von
   dem er seine Regeln und Grenzen herleitet. So bestimmt die
   Gesellschaft weitgehend die Gesetze, aber sie prägt auch un-
   geschriebene Regeln der Mode, des Anstandes oder der Ord-
   nung, um nur einige Beispiele zu nennen. Jeder Mensch lebt
   aber zusätzlich auch in einer *Subkultur* mit ihren eigenen
   Regeln, abhängig von Alter und Beruf, besonderen Interessen
   und Überzeugungen etc. So ist auch eine christliche Gruppe
   oder Kirche eine Subkultur, die eigene Regeln hervorbringt
   (von der inneren Haltung beim Gottesdienst bis hin zu
   Äußerlichkeiten, wie z.B. »ein Christ raucht nicht«).
b) *Die Realität der persönlichen Lebenssituation, des Beziehungs-
   netzes und der persönlichen Konstitution.*

2. Das INNERE ERLEBEN wird ebenfalls geprägt von zwei
   Faktoren:
a) *Die Ideale eines Menschen:* Jeder von uns hat Vorstellungen
   darüber, wie er selbst und seine Welt sein sollten. Manche
   Ideale werden uns von außen gegeben, ohne daß wir sie immer
   als bindend betrachten (»Man geht nur bei Grün über die
   Straße«, »Beim Gottesdienstbesuch trägt man eine Krawatte«),
   andere haben wir verinnerlicht, weil wir selbst fest davon
   überzeugt sind (z.B. »Man sollte möglichst umweltgerecht le-

ben«, »Man sollte die Gedanken möglichst auf das Gute und Reine ausrichten«). Ideale können ganz unterschiedlich sein – politisch, ökologisch, persönlich (Gesundheit, Erfolg, Glück), sozial (Familienehre, Treue, Loyalität) oder eben religiös.

b) *Unsere Bedürfnisse, Gefühle und Triebe:* Jeder Mensch hat das Bedürfnis, geliebt und anerkannt zu werden und in Sicherheit zu leben. Er hat Gefühle der Liebe und der Zuneigung, aber auch der Angst, der Niedergeschlagenheit, der Abneigung und des Zorns. Und jeder Mensch hat Triebe: Hunger und Durst, Aggression und Selbstverteidigung, Sexualität. Hunger und Durst kann man in unserer Gesellschaft problemlos stillen, doch die sexuelle Triebproblematik ist nach den Regeln unserer Kultur eingebettet in ein komplexes soziales Muster von Beziehungen, Normen und Werten.

Abbildung 7-1: Spannungsfelder zwischen innerem Erleben und äußerem Rahmen (Erläuterung im Text)

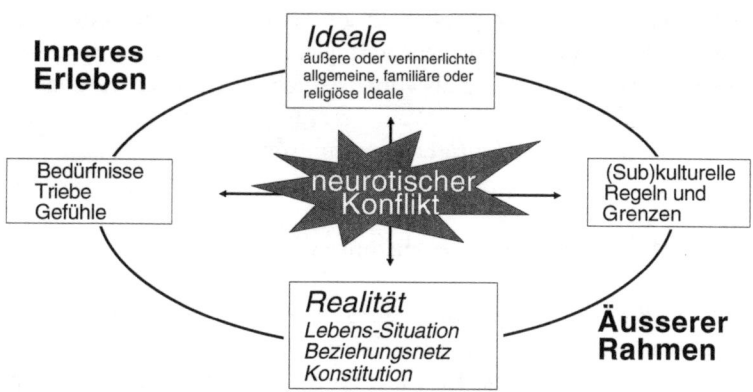

Wie wir gesehen haben, leidet der »vulnerable«, »verwundbare« oder »sensible« Mensch an den vielschichtigen Anforderungen und Spannungsfeldern, denen er sich ausgesetzt sieht. Kleinste Belastungen, die dem Gesunden keine Probleme bereiten, können ihn in seiner Unsicherheit und Konflikthaftigkeit in tiefe Nöte stürzen. Aus dieser Perspektive ist auch das Spannungsfeld zwischen Neurose und Religiosität zu sehen.

Leben mit Spannungsfeldern

Jeder Mensch muß mit den oben skizzierten Spannungsfeldern leben. Und er muß lernen, die Spannungen kreativ zu überbrücken, Kompromisse zwischen Ideal und Realität, Bedürfnissen und Grenzen zu finden und mit unerfüllten Wünschen dennoch einen Sinn für sein Dasein zu schaffen.

Dies ist *ein andauernder Lernprozeß*, der nicht mit der frühen Kindheit abgeschlossen ist, ein Lernvorgang allerdings, der gerade für den sensiblen Menschen viel Kraft kosten kann. Denn oftmals gilt es, sich selbst und seine Ideale in Frage zu stellen und mit Unvollkommenheiten zu leben. Mehr noch: Es gilt einen Weg zwischen der *Erfüllung persönlicher Bedürfnisse* und der *Aufrechterhaltung zwischenmenschlicher Beziehungen* zu finden. Denn was ich für mich persönlich als richtig betrachte, kann von andern als weniger erstrebenswert (»nicht mein Stil«), als verwerflich oder schlichtweg als »unchristlich« betrachtet werden.

> *Häufiges Spannungsfeld:*
> Erfüllung persönlicher Bedürfnisse
> contra
> Aufrechterhaltung zwischenmenschlicher Beziehungen

Dies wird insbesondere im *Festlegen von Idealen* deutlich. Da kann man auch ohne religiöse Werte enormen Druck ausüben und Menschen in einen Konflikt stürzen. Lehrer, Sozialarbeiter, Ärzte und Erwachsenenbildner müssen immer wieder zu ethischen Fragen Stellung nehmen und sagen, was richtig und was falsch ist. Nicht immer reicht der Hinweis, dies müsse man eben selbst entscheiden.

Ein Beispiel soll dies illustrieren: Wer ist für die Pflege einer älter werdenden Mutter verantwortlich? Spontan würden wir vielleicht das *Ideal* vertreten: Die Kinder sollen für ihre Eltern sorgen und sie nicht ins Alters- und Pflegeheim abschieben. Doch das kann die erwachsenen Kinder in einen schweren Konflikt stürzen. So schilderte mir die Tochter einer betagten Patientin *ihre* Lage: Sie berichtet von der quälenden Enge in der Wohnung, von ihrem schwierigen, hyperaktiven Kind, vom Ehemann, der in einer angespannten beruflichen Situation steht. »Herr Doktor, ich hätte so gerne für meine Mutter gesorgt. Ich habe dies als meine familiäre und meine christliche Pflicht gesehen. Aber unser Verhältnis ist so belastet. Immer kritisiert sie mich und macht abfällige Bemerkungen. Weil sie bettlägerig ist, kommandiert sie mich und meinen Mann herum. Wir hatten schon oft Krach miteinander wegen ihr. Ich kann einfach nicht mehr!« Es kam zu einem erneuten Auftreten von Ängsten und Schlaflosigkeit, die sie schon früher gehabt hatte. Ideal und Realität stehen sich in schmerzlicher Spannung gegenüber und verlangen nach einer Lösung.

Es wäre zu einfach zu sagen, ihre christlichen Ideale hätten diese Frau in den Konflikt gestürzt. Vordergründig religiöse Ideale haben nämlich viel mit persönlichen und sozialen Idealen gemeinsam. Man mag argumentieren, daß Glaube bzw. Religiosität im Rahmen der Familie vermittelt werde. Dies mag in manchen Fällen zu einem zusätzlichen Druck führen, insbesondere, wenn die Erfüllung einer »christlichen Pflicht« verbunden wird mit dem persönlichen Wohlergehen bzw. mit der Frage der Annahme bei Gott. – »Es kann kein Segen darauf liegen, wenn du diesen Mann heiratest!«

Doch meistens führt ein solches Spannungsfeld *nicht* zu einer krankhaften Verarbeitung. So höre ich immer wieder: »Ich bin mir bewußt, daß manche in der Gemeinde die Dinge nicht so sehen wie ich, aber ich muß mein Leben selber führen. Trotzdem fühle ich mich wohl im Gottesdienst ...« Eine junge Frau sagte mir: »Meine Eltern können es bis heute nicht begreifen, daß ich mit meinem Freund in eine andere, in ihren Augen liberalere Gemeinde gehe. Aber damit müssen sie sich abfinden. Ich lebe meinen Glauben eben anders aus.«

Persönlichkeit und Glaubensleben

Die Persönlichkeit eines Menschen bestimmt nicht nur seinen Lebensstil, sondern auch die Art und Weise, wie er seinen Glauben auslebt. Tabelle 7-2 zeigt schematisch einen Überblick über die möglichen Verzerrungen des Glaubens durch eine »neurotische« Persönlichkeitsstörung.

Neurotisches Empfinden und Verhalten kann also als das Scheitern an der reifen Verarbeitung der oben gezeigten Spannungsfelder betrachtet werden. Doch welchen Einfluß hat der Glaube auf die einzelnen Elemente? Wo kommt es besonders häufig zum neurotischen Konflikt? Und warum haben einzelne Menschen mehr Mühe, diese Spannungsfelder zu überbrücken? Im nächsten Kapitel sollen sieben häufige Ursachen für religiös-neurotische Spannungen beschrieben werden.

Anmerkungen

1   vgl. Moser 1976
2   1. Timotheus 6,11
3   vgl. Stichwort »Frömmigkeit«, Coenen 1971, S. 394ff
4   Schon Sigmund Freud hat sich intensiv mit dem »Unbehagen in der Kultur« beschäftigt und in seinem Aufsatz »Die Zukunft einer Illusion« (1927) argumentiert, die Religion sei nichts anderes als eine Stütze zur Erhaltung der herrschenden Kultur.

Tabelle 7-2: Persönlichkeit und Glaubensleben

Lebensstil und Glaubensstil	Glaubensinhalt	Frömmigkeits-Stil	Gemeinschaftsverhalten
Depression und Angst	Angst vor Gott und Menschen Schuld- und Minderwertigkeits-gefühle. Negatives Gottesbild: (schweigend, weit weg, richtend, strafend etc.)	Leben als Opfer für Gott und Mitmenschen, Märtyrer-Gefühl Unsicherheit, Angst, Schutzwall gegen außen	Melancholie, Pessimismus Freudlosigkeit, Rückzug Energiemangel, Selbstzweifel, Hemmung oder übermäßige Abhängigkeit
schizoid-narzißtische Persönlichk.	Angst vor Abhängigkeit und Selbsthingabe	welt- und realitätsfremd Selbstbezogenheit Neigung zu Tagträumen und Mystik	mimosenhafte Empfindlichkeit ohne Empfinden für andere, distanziert, wenig spürbar, Abgrenzung: "Wir und die andern"
zwanghafte Persönlichk.	Angst vor Veränderung und Regelverletzung Neigung zu grüblerischem Zweifel	Gesetzlichkeit, Unfreiheit Absicherung durch starre Regeln und Riten	mangelnde Anpassungsfähigk. zwingt andern seine Regeln auf, Rechthaberei aus tiefer Unsicherheit.
hysterische Persönlichk.	Angst vor Festlegung, vor dem Endgültigen Neigung zur Oberflächlichkeit	dramatisch gefühls- und ausdrucksstark aber auch übermäßig abhängig von Gefühlen	Neigung zur Selbstdarstellung hohe Erwartungen an andere Prophetenrolle oder dramatische Abhängigkeit instabil

Einschränkung: sowohl die Typen als auch die Auswirkungen auf den Glauben sind modellhaft und unvollständig. Oft kommt es zu Überschneidungen und Mischformen. Dennoch können die obigen Hinweise hilfreich zum besseren Verständnis neurotischer Menschen sein.

Kapitel 8

Sieben Ursachen von religiös-neurotischen Spannungen

M eine These lautet also, daß nicht die Frömmigkeit allein krank macht. In jedem Fall ist es ein Zusammenwirken religiöser Elemente mit einer übersensiblen, »neurotischen« Grundpersönlichkeit im Kontext eines allgemein-menschlichen Spannungsfeldes. Es sind vor allem zwei Bereiche, die durch die Frömmigkeit eines Menschen geprägt werden: die subkulturellen Regeln und die Ideale eines Menschen. So können sich Konflikte ergeben, wenn ein Mensch mit seinen persönlichen Bedürfnissen, Trieben und Gefühlen nicht mehr im Einklang mit den Regeln in einer Gemeinde oder in einer christlichen Familie steht. Diese sind umso stärker, wenn er die Ideale seines Glaubens nicht mit Überzeugung (»intrinsisch«) glaubt, sondern als äußerlich aufgezwungen (»extrinsisch«) erlebt.[1]

Die in Tabelle 8-1 beschriebenen Ursachen sind sicher nicht umfassend, doch sie decken einen wesentlichen Bereich ab.

1. Innere Konflikthaftigkeit

Die innere Konflikthaftigkeit ist ein prägender Wesenszug bei neurotischen Menschen (vgl. Kapitel 4). Es fällt ihnen schwer, sich unbefangen ins Leben einzugeben. Jede Erfahrung, jedes Gefühl, jede Begegnung, ja jeder Gedanke und jede Körperempfindung wird auf mögliche Probleme abgetastet, hin und her bewegt in Pro und Contra, oftmals getragen von einer diffusen Unsicherheit und Angst.

Tabelle 8-1: Häufige Ursachen religiös-neurotischer Spannungen

1. Innere Konflikthaftigkeit im allgemeinen
2. Loyalitätskonflikte
3. Konflikte zwischen Ideal und Realität
4. Gefühle der Angst
5. Schuld- und Versagensgefühle
6. Konflikt zwischen Hingabe an Gott und Eigenverantwortlichkeit
7. Konflikt zwischen menschlicher Einengung und christlicher Freiheit

Diese Grundhaltung überträgt sich auch auf das Glaubensleben. Stärkende und tröstende Aussagen der Bibel können nicht aufgenommen werden ohne die bange Frage, ob diese auch für die betroffene Person gelten. Ermahnungs- und Gerichtsworte wekken oft unangenehme Empfindungen und Erinnerungen, regen an zur morbiden Selbstprüfung, weit hinaus über den eigentlichen Sinn des Wortes. Selbst harmlose biblische Geschichten oder Empfehlungen für das tägliche Leben können beim übersensiblen Menschen schon zur konfliktbeladenen Gewissenserforschung führen.

Da der Glaube Richtlinien für den Alltag gibt, leiden sensible Menschen oft am inneren Zwiespalt zwischen Wollen und Dürfen, zwischen Bedürfnissen und Hemmungen, zwischen Trieben und kulturellen Verboten und Tabus. Während der im Glauben Gefestigte hier keine Probleme hat, leidet der Sensible und empfindet dieses Leiden zeitweise als »krankmachend«.

2. Loyalitätskonflikte

Das innere Band, das uns mit Eltern, Geschwistern und Angehörigen verbindet, ist bis heute letztlich ein Geheimnis. Und doch besteht eine innere Loyalität, ein Gefühl der Verbundenheit, ja in Zeiten der Not auch ein Gefühl der Verpflichtung, das sich kaum ausblenden läßt. Selbst schwere innere Verletzungen in der Kindheit können dieses Band nicht völlig zerschneiden. Immer wieder trifft man bei adoptierten oder unehelichen Kindern im Erwachsenenalter die unstillbare Sehnsucht nach dem Vater oder nach der Mutter. Letztlich ist die Familie der Ort, wo ein Mensch seine Identität entwickelt, wo ein Kind seine ersten und prägenden Lernerfahrungen für das Leben macht – Erfahrungen der Geborgenheit und der Verantwortung, des Verstandenwerdens und der Ablehnung. Es wird hin- und hergerissen zwischen dem Wunsch nach Zuwendung und Schutz und dem inneren Drang nach Verselbständigung und Abgrenzung. Die Familie ist auch der erste Ort, wo ein Kind lernt, daß es Grenzen gibt, wo es Einengung in seinem Entdeckungsdrang erfährt, Verbote und Regeln, Zurechtweisung und auch Strafe. Es wäre eine Illusion zu glauben, diese Auseinandersetzung mit dem heranwachsenden Kind ließe sich so gestalten, daß sich dieses immer rundum wohl fühlt. Wachsen heißt auch hier: Spannungen aushalten lernen. Allerdings gibt es Extrem-Erfahrungen von Lieblosigkeit und Mißhandlung in der Kindheit, die es einem Menschen später besonders schwer machen können, sein inneres Gleichgewicht zu finden. Doch lange nicht alle »neurotischen« Menschen haben solche Extrem-Erfahrungen hinter sich. Viele sind in einem durchschnittlichen Elternhaus aufgewachsen.

Sensible Menschen leiden oft an dem inneren Zwiespalt zwischen Liebe und Dankbarkeit den Eltern gegenüber auf der einen Seite und den für sie schmerzlichen Erfahrungen von Einengung, Verboten, Abwertung und Strafe. Je weiter sie sich aus der Realität des Elternhauses entfernen, sich ablösen und zunehmend von den Erinnerungen leben, desto selektiver wird die Wahrnehmung der Eltern. Oftmals steigern sich die Konflikte zwischen Liebe und Vorwürfen in die geflügelten Worte: »Die lieben Eltern, wie ich sie hasse!«[2]. In der Erinnerung neurotischer Menschen werden die Eltern oft grotesk entstellt. Nicht selten haben ihre Geschwister eine ganz andere Erinnerung an die gleichen Eltern, ein weiterer Hinweis darauf, daß die Betroffenen eine verzerrte Sicht ihrer Kindheit entwickelt haben. Wenn die Eltern dann auch noch religiös waren, so neigen Patienten und Therapeuten noch eher dazu, die Probleme auf diesen Faktor zu reduzieren.

In ähnlicher Weise machen Patienten auch den Glauben verantwortlich, wenn sie sich durch biblische Aussagen, wie das Gebot »Ehre Vater und Mutter« unter dem Druck fühlen, etwas zu tun, was ihren Gefühlen zuwiderläuft.

– »Muß ich meinen Eltern gehorchen, wenn sie gegen meine Verbindung mit dem Mädchen sind, das ich liebe? Eigentlich will ich nichts von ihren Ratschlägen wissen, aber jedesmal, wenn ich mich mit ihr treffe, habe ich ein schlechtes Gefühl!«

– »Wie kann ich meinen Vater verzeihen, der mich und meine Mutter verließ und zu einer Freundin zog, als ich erst neun war? Jetzt liegt er mit einem Schlaganfall im Krankenhaus und braucht jemand, der nach ihm schaut.«

Biblische Aussagen reaktivieren dann den ohnehin schlummernden Verpflichtungs- bzw. Loyalitätsgedanken, der im Konflikt mit den Bedürfnissen und Empfindungen steht. Gleichzeitig wird oft verdrängt, daß die Bibel sehr realistische Hinweise für eine reife, eigenverantwortliche Lösung solcher Konflikte gibt.

3. Konflikt zwischen Ideal und Realität

Wir haben schon im letzten Kapitel das Spannungsfeld zwischen Ideal und Realität betrachtet. Ich habe darauf hingewiesen, daß es sich hier um ein grundsätzliches Problem der Lebensgestaltung handelt, das primär nichts mit Religiosität zu tun hat. Nun kann aber die kirchliche Lehre und Praxis sowohl die Ideale als auch die Realität beeinflussen und damit einen Menschen in große Konflikte stürzen. Insbesondere dort, wo Lebensbereiche mit starker Gefühlsbesetzung angesprochen werden, kann dies zu ernsthaften seelischen Schwierigkeiten führen. Einige Beispiele sollen dies verdeutlichen:

a) *Gesetzliche Überforderung*: Das Problem der Gesetzlichkeit findet sich insbesondere in eng geführten evangelischen Ge-

meinschaften oder in katholisch-traditionalistischen Kreisen.
Immer da, wo das Ideal der Sündlosigkeit oder der vollständi-
gen Heiligung gepredigt wird, werden Menschen in den Konflikt mit der Realität ihrer Unvollkommenheit und Schwachheit gestürzt. Schon der Apostel Paulus rang mit diesem Spannungsfeld: »Wollen habe ich wohl, aber das Gute vollbringen
kann ich nicht!«³ Für ihn war die Gnade Gottes eine ganz wesentliche Hilfe, die Spannung zu überbrücken.
Nun darf man nicht vergessen, daß Perfektionismus besonders
bei denjenigen Menschen sehr ausgeprägt ist, die unter depressiven und zwanghaften Zügen leiden. So hören wir nicht selten auch von kirchlich ungebundenen Menschen Aussagen
wie: »Ich darf keine Fehler machen, sonst verliere ich die Achtung meiner Kollegen!« Oder »Ich kann keinen unordentlichen Haushalt haben, ich muß einfach putzen, und wenn es
Mitternacht wird!« Solange ein Mensch die Möglichkeit hat,
seine Ideale auszuleben, wird er nicht darunter leiden. Erst
wenn er an seine Grenzen kommt, oder wenn ein für ihn gra-
vierender Fehler (oder eine Sünde) geschieht, dann tut sich der
Graben zwischen Ideal und Realität auf, der beim Übersensiblen zu Ängsten und Depressionen führen kann.

b) *Emotionale Überforderung* ist besonders in charismatischen
Kreisen zu beobachten. Hier wird das Ideal des Lobens und
Preisens, der ausdrucksstarken Dankbarkeit in jeder Lebensla-
ge gepredigt. Das Ideal der Machbarkeit von geistlichen und gesundheitlichen Gütern, von Vollmacht, Sieg und Heilung wird
zum bedrückenden Spiegel persönlichen Versagens für diejenigen, die an seelischen und körperlichen Leiden tragen. Allzu oft
werden die Schwachen an den Rand gedrückt. Ich bin immer
wieder tragisch berührt, wie uneinfühlsam ein verengter Halle-
luja-Optimismus gegenüber denen sein kann, die in echter Weise trauern und leiden. Nicht wenige sensible Menschen zerbrechen an diesem Ideal, das vordergründig so besonders christlich
zu sein scheint und doch wesentliche Aussagen der Bibel über
die gefallene und leidende Schöpfung außer acht läßt.⁴

c) *Überforderung durch ethische Vorschriften ohne ausreichende biblische Grundlage:* Ehepaare stehen immer wieder vor der Frage, wie sie die Empfängnisverhütung regeln sollen. Nicht immer war und ist die Kirche in diesen Fragen hilfreich.[5] Das ethische Ideal einer natürlichen Verhütung steht im Konflikt mit den Realitäten ehelicher Sexualität. Viele Männer (und auch Frauen) stellen ihre sexuellen Bedürfnisse und Wünsche vor eine partnerschaftlich getragene natürliche Empfängnisverhütung. Und das ist an sich nicht verwerflich. Sensible Frauen können aber in einen schweren inneren Konflikt zwischen der Angst vor unerwünschter Schwangerschaft und ihrem (christlichen) Ideal von erfüllter Sexualität geraten. Zudem haben viele Frauen schlichtweg nicht die seelische und körperliche Kraft, Kinder in rascher Folge zu gebären und zu erziehen, obwohl dies biologisch möglich wäre.

Aus Gesprächen mit Patientinnen und Ärzten weiß ich jedoch, daß die kirchlichen Ideale und Moralgesetze längst durch eine kultur-konforme Verhütung ersetzt worden sind, ohne daß Frauen eine »ekklesiogene« Neurose entwickeln. Probleme ergeben sich also v.a. dort, wo sensible Frauen in Belastungssituationen unter mangelndem sexuellen Empfinden und Verlangen leiden. Sie neigen dann dazu, eheliche Sexualität als konflikthaft zu erleben, ob sie nun kirchlich gebunden sind oder nicht.

4. Die Grundbefindlichkeit der Angst

Ein wesentliches Element im Erleben des neurotischen Menschen ist eine übermäßige Angst.[6] Die *neurotische Angst* ist Ausdruck der inneren Konflikte und wird immer wieder beschrieben als Angst davor, abgelehnt zu werden, zu kurz zu kommen, allein gelassen zu werden oder zu versagen. Viele neurotische Menschen leben in ständiger innerer Anspannung. Oftmals leiden neurotische Menschen enorm an Angst vor Autorität, vor Leistungsanforderungen und vor (vermeintlichen) Erwartungen, die an sie gestellt werden.

Es darf daher nicht verwundern, daß diese Angst auch gegenüber christlichen Amtsträgern und Autoritätspersonen auftritt. Mehr noch: Häufig wird sie auf Gott selbst projiziert, der dann als weit entferntes, furchteinflößendes Wesen erlebt wird, als ständige Quelle von unerfüllbaren Erwartungen und gesetzlichen Forderungen, als allgegenwärtiger Aufpasser, der jedes Versäumnis rächt und jede Sünde bestraft. Diesem Gott könne man sich nicht vertrauensvoll zuwenden. Bei ihm könne man keine Geborgenheit finden. Man könne ihn höchstens fürchten und versuchen, in unterwürfiger Beflissenheit seinen Zorn nicht herauszufordern. Oft entsteht aus einem Zusammenspiel von neurotischer Grundangst und Kindheits- und Lebenserfahrungen ein völlig verzerrtes Bild Gottes[7], das weder dem biblischen Gottesbild noch der christlichen Lehre in den Gemeinden gerecht wird.

Viele neurotische Menschen leiden unter der Angst, allein gelassen zu werden. Schon der Gedanke daran kann Panik auslösen. Die Angst des Kindes, seine Eltern könnten verschwinden und es allein lassen, hat auch ihre christliche Entsprechung: Die Angst, die Eltern und Geschwister könnten durch die Wiederkunft Christi mitgenommen worden sein, während man (wegen irgendeiner Sünde) allein zurückgelassen wurde. Während robustere Kinder diesen Gedanken bald auf die Seite legen können, leiden sensiblere Kinder oft bis ins Erwachsenenalter erheblich unter solchen Gedanken.

Während man einerseits diese Ängste im Gespräch ernst nehmen und bearbeiten sollte, darf man nicht vergessen, daß sie in anderer Form auch bei kirchlich nicht geprägten Menschen vorkommen können und als verzerrte, übersteigerte Ausdrucksform einer menschlichen Grundbefindlichkeit zu betrachten sind.[8]

5. Schuld, ein menschliches Grundproblem

Zu unserem menschlichen Dasein gehört nicht nur die Angst, sondern auch die Schuld. Man kann es psychologisch ausdrücken oder biblisch: Kein Mensch ist frei von Schuld und Schuldgefühlen. Ein jeder braucht Vergebung und Aufarbeitung seiner Schuld. Doch Schuldgefühle sind nicht immer gleichzusetzen mit echter Schuld.[9] Das Schuldgefühl, so Freud, »ist der Ausdruck des Ambivalenzkonfliktes« zwischen den unterschiedlichen Strebungen in einem Menschen, ein Ausdruck des Spannungsfeldes zwischen den Generationen, zwischen dem einzelnen und der Gesellschaft. Schuldgefühle entstehen immer dort, wo ein Mensch nicht gemäß seinen Idealen leben kann, wo er Regeln verletzt oder wo er versagt. *Wenn die Bibel von Schuld redet, so erfindet sie nicht eine neurotisierende Last, von der der areligiöse Mensch nicht betroffen ist, sondern sie beschreibt eine Grundproblematik des Menschen schlechthin.*

Der neurotische Mensch leidet viel mehr an Schuldgefühlen als andere. Doch wem gegenüber empfindet er seine Schuld? Hier hat der Glaube einen entscheidenden Einfluß. Während religiös ungebundene Menschen eher von einer existentiellen Schuld sprechen oder sich selbst eines Versagens bezichtigen, hat der gläubige Mensch eine andere Perspektive. Für ihn ist es letztlich Gott, gegen den er gesündigt hat. Darin liegt auch eine Chance: Denn Gott verheißt uns Vergebung und Tilgung der Schuld. Sie wurde am Kreuz getragen von Jesus Christus, und nun steht sie nicht mehr zwischen uns und Gott.

Gerade da aber hat der neurotisch-unsichere Mensch seine Not. Er leidet an seinem Versagen und an seinen Schuldgefühlen weit hinaus über jede Zusicherung der Vergebung. Sein Gewissen plagt ihn und läßt ihn nicht in Ruhe. Und gerade in dem Bemühen, frei zu werden von jeder Schuld, liegt der Stachel für immer neue Gewissensprüfungen und Schuldgefühle. Während der reife Christ seine Schuldhaftigkeit annehmen und Vergebung für sich beanspruchen kann, wird der neurotische Mensch mit seinen Schuldgefühlen oft nicht fertig. Entweder leidet er ständig darunter, oder aber er versucht, sich völlig von jeder ethisch-moralischen Instanz abzuwenden und so Ruhe für sein geplagtes Gewissen zu finden – ein Unternehmen, das letztlich zum Scheitern verurteilt ist. Welche Rolle spielt denn nun die *Erziehung*? Ist es nicht letztlich sie, die durch Einengung, Gesetz und Strafe das

Gewissen eines Kindes für das ganze spätere Leben verbiegt und anfällig macht für Schuldgefühle? In der Tat hören wir in der Sprechstunde immer wieder von beklagenswerten Erziehungsfehlern, von verzerrten Idealen und Strafandrohungen, die sich tief in die Seele eines Menschen eingegraben haben. Umgekehrt hatten neurotische Menschen häufig auch eine sehr freie, unbeschwerte und behütete Jugend ohne große Einschränkungen. Doch die Gewissensbildung hört nicht mit der Kindheit auf, sie ist ein ständiger Lernprozeß. Reifen Menschen gelingt es, ihre Werte selbst zu wählen und Verantwortung für ihr Handeln zu übernehmen. Neurotische Menschen hingegen verharren oft in einer Abhängigkeit von überlieferten Leitsätzen und von übergestülpten Verboten. Sie sehen zwar deren Sinn nicht mehr ein, machen sich aber doch ein Gewissen. Es fällt ihnen schwer, ethische Leitlinien flexibel auf ihr Leben anzuwenden, ohne ständig an die mögliche Ablehnung durch andere zu denken. »Meine Eltern waren immer für einen einfachen und natürlichen Lebensstil. Nie hätte sich meine Mutter geschminkt. Ein Christ hätte das nicht nötig. Jetzt bin ich 35. Aber es gelingt mir noch immer nicht, Nagellack zu brauchen ohne die innere Frage, was wohl meine Mutter darüber denken würde.«

6. Hingabe an Gott contra Eigenverantwortlichkeit

Die innere Unsicherheit neurotischer Menschen kann sich auch im religiösen Gewande äußern. Das Bemühen, Gottes Willen zu tun und innerlich auf seine Stimme zu hören, kann zum »christlichen« Vorwand werden, keine Verantwortung zu übernehmen. Was als »Hören auf Gott« bezeichnet wird, ist oft eine Abhängigkeit von Gefühlen, Ängsten und Zweifeln. Ein Beispiel: Eine junge Frau sucht nach dem Abitur eine Lehrstelle. Immer wieder, wenn eine Stelle konkret wurde, schlich sich plötzlich ein Zweifel ein, ob die angestrebte Stelle wohl Gottes Wille sei. In zwanghafter Weise fragte sie Eltern, Pastoren und Freunde, was sie ihr raten würden. Schließlich verstrich ein Anmeldetermin nach dem andern, weil die junge Frau »keinen inneren Frieden über der Sache« und »keine Bestätigung im Gebet« bekommen hatte.

Ähnlich schwierig gestaltet sich bei neurotisch-unsicheren Menschen die Partnerwahl. Immer wieder ergeben sich Situationen, in denen die »Gefühle nicht stimmen« (säkular formuliert) oder der Betroffene »keine innere Gewißheit von Gott her«, kein »inneres Zeugnis« hat. In dem ständig hinauszögernden Bemühen, »den richtigen Partner« zu finden, werden wichtige Entscheide nicht getroffen. Schlimmer noch: Später macht man andern den Vorwurf, sie hätten den falschen Rat gegeben, oder sie hätten (im Falle einer Eheschließung) auf die Beziehung hingedrängt, obwohl man sich dieser doch gar nicht sicher gewesen sei. So zeigt sich in dieser Zauderhaftigkeit die tiefe Angst davor, Verantwortung zu übernehmen und danach zu handeln.

7. Menschliche Einengung und christliche Freiheit

Ein letzter, aber nicht minder wichtiger Konflikt entsteht dort, wo Kinder und Erwachsene im Rahmen ihrer Kirche und Gemeinde eine Einengung erleben, die nicht biblisch zu begründen ist. Erst kürzlich hat der amerikanische evangelikale Soziologe Ronald Enroth ein Buch mit dem provokativen Titel »Churches that abuse« (zu deutsch: »Kirchen, die mißbrauchen«) herausgeben, in dem er Extreme solcher Machtausübung über gläubige Menschen beschrieb.[10] Besonders tragisch empfindet man Berichte von seelisch leidenden Menschen, bei denen Gottesdienstbesuch, Kleiderordnung oder Bibellese und Gebet erzwungen wurden mit der Begründung, dies sei Gottes Wille. Widerstand sei Auflehnung und damit eine schwere Sünde. Oftmals lebten hier Eltern und Gemeinde-Älteste eine Autorität aus, die ihnen so nicht zustand. Hier haben die von Menschen gemachten religiösen Gesetze einen wichtigeren Platz eingenommen als die Barmherzigkeit.[11] Jesus hat sich gegen derartige uneinfühlsame Einengung gewehrt, als er seinen Jüngern erlaubte, am Sabbat Ähren abzureißen und die Körner zu essen. »Der Sabbat ist um des

Menschen willen gemacht und nicht der Mensch um des Sabbats willen.«[12]

Nun gilt es aber auch hier zu sehen, daß Ordnungen in Familie und Gesellschaft eine Grundgegebenheit des menschlichen Lebens sind. Das Erzwingen eines Familienidylls durch Verwandtenbesuch und langweilige Sonntagsspaziergänge kann auch für ein Kind aus nicht-religiöser Tradition ähnlich einengend erlebt werden. Mehr noch: Selbst eine starke traditionelle Einengung bedeutet nicht automatisch eine Neurotisierung. Man denke beispielsweise an die Amish-Dörfer in Amerika, in denen die Menschen auf dem Niveau des 17. Jahrhunderts leben, ohne Autos, Fernsehen und Elektrizität. Nichts deutet darauf hin, daß es in diesen religiös geprägten Gemeinschaften mehr Neurosen gäbe als in säkularisierten Großstädten. Eher ist das Umgekehrte der Fall: Die Kinder werden vor vielen Einflüssen der gehetzten Leistungsgesellschaft verschont. Sie erleben eine intensive Gemeinschaft in Familie, Arbeit und Gottesdienst, die ihnen Halt und Geborgenheit vermittelt. Zu Konflikten kommt es meist erst, wenn sie aus der Gemeinschaft heraus in »die Welt« gehen und sich dann intensiv damit beschäftigen müssen, welche Werte sie für ihr Leben wählen wollen.

Schlußfolgerungen

Wenn man die sieben häufigen Ursachen von religiös-neurotischen Spannungen betrachtet, so wird deutlich, daß es sich dabei um religiös eingefärbte Sonderfälle allgemein-menschlicher Probleme handelt, mit denen der neurotische Mensch nicht fertig wird. Es bedarf immer des Zusammenspiels von religiöser Prägung der Umwelt und einer sensiblen, »neurotischen« Persönlichkeitsstruktur. Damit soll die Tragik des Erlebens einzelner Menschen nicht verniedlicht werden. Viele, die an einer religiösen Einengung leiden, kennen nur dieses Umfeld und betrachten es daher für sie persönlich als krankmachend. Es braucht viel Reife und Selbsteinsicht, um Abstand von einem persönlichen Schicksal zu finden und es in einen größeren Zusammenhang der menschlichen Existenz schlechthin zu stellen.

Die ärztliche und psychotherapeutische Erfahrung zeigt, daß neurotische Denk- und Beziehungsmuster einen Menschen nicht nur in seiner Arbeits- und Genußfähigkeit beeinträchtigen, sondern auch in seinem Glauben. So kam der deutsche Theologe und Psychotherapeut Helmut Hark in seiner Studie über religiöse Neurosen zur Schlußfolgerung[13]: »Die Neurose beeinträchtigt und stört das Glaubensleben, während eine positive Frömmigkeit zur Heilung der Störungen beiträgt.«

Bevor wir uns den therapeutischen Zugängen bei religiös-neurotischen Konflikten zuwenden, muß noch ein besonders heiß diskutierter Sonderfall besprochen werden, der eigentlich den Anlaß für die Prägung des Begriffs der »ekklesiogenen Neurose« gegeben hat. Es geht um die Zusammenhänge zwischen Neurose, Religiosität und Sexualität, die im nächsten Kapitel näher beleuchtet werden sollen.

Anmerkungen

1 Die Unterscheidung von extrinsischer und intrinsischer Frömmigkeit wurde von Allport (1950) eingeführt. In deutscher Sprache hat sich besonders Dörr (1985) mit der Beziehung von extrinsischer vs. intrinsischer Frömmigkeit beschäftigt.

2 Unter diesem Titel stand ein Artikel von A. Guggenbühl (1991), der sich mit der psychologischen Bedeutung der Kindheit und des Elternbildes des Erwachsenen auseinandersetzte.

3 Römerbrief 7,18 ff

4 Römerbrief 8,18-39

5 Eine ausführliche Darstellung katholischer Sexualmoral findet sich bei Ranke-Heinemann (1989), S. 279-309

6 Wie komplex das Phänomen der Angst ist, zeigt ein Blick in psychologische Lexika, z.B. Fröhlich und Drewer 1978, Stichwort »Furcht und Angst«

7 Ein klassisches Beispiel findet sich in T. Mosers »Gottesvergiftung«

8 vgl. Condrau 1962/1976

 9 vgl. Tournier 1959: »Echtes und falsches Schuldgefühl« oder Narramo-
    re 1984
10 Enroth 1992
11 Matthäus 12,7
12 Markus 2,27
13 Hark 1984, S.13

Kapitel 9

Neurose, Sexualität und Glaube

Sexualität gehört zu unserem Leben. Jeder Mensch muß lernen, mit seiner Geschlechtlichkeit umzugehen, doch das fällt den Sensiblen und den Übergewissenhaften schwer. Denn wie kein anderes Spannungsfeld berührt Sexualität den Menschen als Ganzes: in seinen Trieben und Bedürfnissen, in seinem Denken und Empfinden und nicht zuletzt auch in seinen leiblichen Funktionen. Sexualität kann nicht losgelöst werden von unserer Umwelt, von den Sinnesreizen und von den geltenden Regeln in unserer Kultur. Sexualität ist eine intime Angelegenheit des einzelnen, und gleichzeitig liegt darin eine Sehnsucht nach der Begegnung mit einer anderen Person.

Sie ist wohl die stärkste Triebkraft im Menschen, eine Triebkraft mit doppeltem Gesicht: zum einen Quelle tiefer Freude und ekstatischer Lust, intimstes Zeichen der Verbindung mit einem geliebten Menschen. Aber sie kann auch Herd von Unlust, Unsicherheit und Frustration werden; ein Stachel ungestillter Sehnsucht, dort, wo ihr das Gegenüber oder die Kraft zum Vollzug fehlt. Mehr noch: Sie kann zur Triebfeder zerstörerischer Verletzung werden, wo sie losgelöst von persönlicher Beziehung und Verantwortung reduziert wird auf bloße Lustbefriedigung und Triebabfuhr.

Sexualität, Ethik und Kirche

Gerade weil Sexualität dieses Doppelgesicht hat, bedarf sie einer *ethischen Einbettung in den Lebensstil als Ganzes.* Der heranwachsende Mensch muß lernen, mit seiner Sexualität umzugehen und den Rahmen zu finden, in dem sie sich möglichst befriedigend und zugleich verantwortlich ausleben läßt. In einer reifen Beziehung entwickeln Mann und Frau ein subtiles Gleichgewicht zwischen sexueller Hingabe und Verzicht, in ständig neuer Anpassung an die Gegebenheiten ihrer Lebensphase. Im Verlauf des Lebens verschiebt sich oft der Schwerpunkt vom körperlichen Erleben hin zum Ausdruck von Nähe und Geborgenheit.

Die Bibel nimmt in vielfältiger Form zur Frage der Sexualität Stellung. Dem Ausdruck sexuellen Empfindens in der Ehe wird ein weiter Spielraum gegeben. Sex ist Ausdruck der Beziehung, und die Bibel betont die personale Würde von Mann und Frau, auch in der sexuellen Begegnung. Einschränkende Leitlinien gibt die Bibel aber dort, wo sexuelles Denken und Handeln in Gefahr steht, vom Ziel abzuweichen, wo Sexualität ausbricht aus partnerschaftlicher Treue und Rücksichtnahme, wo sie andere verletzt und demütigt. Auffällig ist aber auch, daß die Bibel zu »heißen« Themen schweigt: An keiner Stelle findet sich eine negative Wertung der Selbstbefriedigung. Auch findet man nirgends Hinweise zur Frage der Schwangerschaftsverhütung.

Überlieferte kirchliche Lehren stehen nicht immer im Einklang mit den Aussagen der Bibel. Insbesondere die katholischen Morallehren, etwa das Verbot der Priesterehe oder der Schwangerschaftsverhütung sind zur Quelle großer Spannungen geworden, an denen viele Menschen innerlich leiden. Solche Sexualdogmen sind biblisch nicht zu rechtfertigen. Sie haben Ideale aufgestellt, die nur wenige einhalten konnten, oft nur unter Aufgabe wesentlicher Wünsche und Hoffnungen ihres Lebens.[1]

Sexualerziehung und Sexualethik unter religiösem Vorzeichen können wohl Leitlinien geben, letztlich einem Menschen aber nie die Verantwortung abnehmen, für sich selbst Wege zu einer befriedigenden Sexualität zu finden, die im Einklang mit seinem Glauben und mit seiner Biographie steht. Nicht immer ist es für Eltern leicht, ihren Kindern einen entspannten Umgang mit Sexualität zu vermitteln und das richtige Gleichgewicht zwischen informativer Aufklärung und ethischer Grundhaltung zu finden.

Sexuelle Probleme sind häufig

Unsere Gesellschaft und ihre Meinungsmacher[2] haben der Sexualität einen Glorienschein verliehen, der längst zum verpflichtenden Leistungsmaßstab geworden ist.[3] Ein seelisch gesunder, erfolgreicher und selbstverwirklichter Mensch, so wird uns suggeriert, lebt seine Sexualität möglichst vielfältig und genußbringend aus. Gute Partnerschaft bedeute gleichzeitig auch lebenslange Leidenschaft. Ein erotisierender Seidenglanz liegt über der Werbung, von der Schokolade bis zum Auto, ganz zu schweigen von Parfums und alkoholischen Getränken. Zeitschriften steigern ihre Auflage mit Hochglanzbildern schöner Frauen. Kinofilme und Romane kommen nicht ohne jenen prickelnden Touch von Sex aus, der sie erst so richtig spannend macht. Wären all die schönen Bilder lächelnder Paare, die schmachtenden Popsongs und die freizügigen Modejournale ein Abglanz unserer Gesellschaft, so dürfte es eigentlich keine sexuell unerfüllten Menschen geben.

Sexuelle Schwachheit – das ist nichts für die Titelseiten. Und im Film wird sie höchstens dargestellt beim trotteligen Negativhelden.

Doch das Gegenteil ist der Fall. Die glitzernden Verheißungen der Idole lassen sich im Alltag nicht einlösen. Mehr denn je suchen Männer und Frauen Psychiater und Therapeuten auf, weil sie in ihrem Sexualleben nicht die Erfüllung finden, die ihnen eigentlich vorschwebte, oder weil eine Beziehung in die Brüche ging. Schlagzeile aus einer Illustrierten 1991: »Sexuelle Not, Einsamkeit, Karrieresturz – Wer sich alles in Deutschland beim Psychiater hinlegt.« Mit der zunehmenden Säkularisierung lassen sich diese Probleme längst nicht mehr nur einer »krankmachenden Kirche« unterschieben. Immer mehr dämmert es den Therapeuten, daß hier wohl noch andere Faktoren mitspielen müssen.

Was braucht es für erfüllte Sexualität?

In keinem Bereich des Lebens verspürt der Mensch so eindringlich die Verwobenheit von Leib und Seele, von Hormonen und Gedanken wie in seiner sexuellen Funktion. Allein schon die Aktivierung innerer Bilder kann zu spürbaren Veränderungen in den Sexualorganen führen, kann die Gedanken anheizen und auf »das Eine«, den Wunsch nach sexueller Entladung und Vereinigung, ausrichten. Wieviel intensiver laufen diese Vorgänge noch ab,

Abbildung 9-1: Entstehungsbedingungen sexueller Störungen

wenn man mit dem geliebten Mann, der geliebten Frau zusammen ist; wenn man sich sieht, sich riecht, sich spürt, sich im gemeinsamen Rhythmus bewegt. Doch Sex ist nicht nur eine Funktion körperlicher Organe. Unsere Sexualität entwickelt sich über die Jahre im Kontext von Biographie und Lebenserfahrungen. Es ist an dieser Stelle nicht möglich, eine umfassende Darstellung derjenigen Aspekte zu geben, die schließlich zu einer befriedigenden Sexualität führen. In Abbildung 9-1 werden die wichtigsten Faktoren zusammengefaßt, die zu sexuellen Störungen führen können. Dabei wurde darauf geachtet, ein möglichst ganzheitliches Bild zu geben, das besser erlaubt, die Frage nach dem Einfluß von Neurose und Religion auf die Sexualität zu beantworten.

Etwa 50 Prozent aller Ehepaare leiden zeitweise an einer sexuellen Störung

Man schätzt, daß rund 40 bis 50 Prozent der Ehepaare zeitweise unter einer sexuellen Störung leiden. Davon sind auch glückliche Ehepaare nicht ausgenommen. In einer viel beachteten Studie untersuchte ein Team der Universität Pittsburgh in den USA die sexuellen Erfahrungen bei 100 »normalen« Ehepaaren.[4] Obwohl mehr als 80 Prozent der Ehepaare ihre ehelichen und sexuellen Beziehungen als glücklich und befriedigend bezeichneten, berichteten 40 Prozent der Männer über Erektionsprobleme oder vorzeitigen Samenerguß. 63 Prozent der Frauen berichteten über mangelnde sexuelle Erregung und über Schwierigkeiten, den Orgasmus zu erreichen. 50 Prozent der Männer und 77 Prozent der Frauen klagten darüber, daß sie oft zuwenig Interesse an Sex hätten oder sich im Streß des Alltags zuwenig entspannen könnten. Die Autorinnen betonten, daß es sich bei ehelicher Sexualität um eine »interaktive Erfahrung« handle, die Auswirkungen auf beide Partner habe.

Wie die Erfahrungen in der Paartherapie zeigen, gibt es keine »Kennzahlen« für eine befriedigende Sexualität. Denn Glück hängt nicht zuletzt davon ab, welche Ideale man hat und wie gut man mit den Unvollkommenheiten, auch im Bereich der sexuellen Beziehung umgehen kann. Ein positives Selbstwertgefühl kann beiden helfen, auch einmal über sich selbst zu lächeln und sich nach einem »Versagen« zuzuflüstern: »Beim nächsten Mal geht's wieder besser!« Reife und partnerschaftliche Sexualität setzt voraus, daß man Spannungen aushält und seinen Wert nicht von sexueller Leistungsfähigkeit allein abhängig macht.

Aus ärztlicher Sicht soll aber betont werden: Nicht alle Sexualstörungen werden durch psychische Ursachen hervorgerufen. Immer wieder spielen organische Ursachen mit, die einer sorgfältigen Abklärung bedürfen. Gerade im Alter kann es häufiger zu Veränderungen kommen, die die Potenz herabsetzen. Einen guten Überblick über die notwendigen Abklärungen in der Sexualberatung gibt das Buch von Prof. C. Buddeberg.[5]

Angst, Depression und Sexualität

Doch sexuelles Erleben ist auch davon abhängig, daß ein Mensch genußfähig ist. Es verwundert daher nicht, daß beim depressiven Menschen sexuelles Verlangen und Empfinden stark beeinträchtigt sein kann.[6] So wird in den Fragebogen zur Messung der Depression die Feststellung »Ich habe die Freude an Sex verloren« häufig angekreuzt. Depressive Menschen erleben nicht nur eine traurige Verstimmung, sondern eine tiefgreifende Unfähigkeit, Freude zu empfinden, Gefühle auszudrücken und sich angstfrei in Begegnungen einzulassen.

Ähnliches läßt sich auch bei Angststörungen beobachten, insbesondere, wenn sie einhergehen mit psychosomatischen Symptomen: Nervosität, Verdauungsbeschwerden, Blutdruck-Schwankungen oder diffusen Schmerzen. Da vergeht einem schlichtweg die Lust.

Nicht immer muß es sich dabei um eine voll ausgeprägte Depression handeln. Viel, viel häufiger sind es zwischenmenschliche Spannungen, eine äußere Belastungssituation oder ein Wortwechsel, bevor man ins Bett geht, die einem Paar die Lust verderben. Falsche Ideale, überhöhte Erwartungen und innere Konflikthaftigkeit können das ihre dazutun, um das subtile Zusammenspiel von sexuellem Verlangen, körperlichem Ausdruck und gegenseitiger Zärtlichkeit zu vermiesen. Wie schnell kann Ablenkung und Enttäuschung, Anspannung und Unsicherheit, Streß und Wut die aufknospende Kraft der Triebe wieder erschlaffen lassen und die Lust umwandeln in Frust.

Sexuelles Versagen, negatives Lernen

Wenn Sex nicht klappt, so sind oft Selbstvorwürfe und Minderwertigkeitsgefühle oder Vorhaltungen gegenüber dem Partner die Folge. Bei nicht wenigen Menschen führt sexuelles Versagen zur depressiven Verstimmung und zur Selbstabwertung. – »Ich bin ja gar kein richtiger Mann mehr.« – »Alle reden vom Orgasmus, aber mich ekelt das Zusammensein mit meinem Mann an.« Oftmals spielen sich in sexuell gestörten Beziehungen Muster ein, um einander aus dem Weg zu gehen. Man geht zu verschiedenen Zeiten schlafen, der Mann arbeitet bis in die Nacht, und die Frau klagt immer im entscheidenden Moment über Kopfweh. Angst erfüllt sie vor der nächsten Begegnung, Angst vor erneutem Versagen, so stark, daß sie sich innerlich verkrampfen und dann erst recht nicht können. Hier liegen die wichtigsten Ursachen von mangelndem sexuellem Verlangen und Impotenz, aber auch von Frigidität und sexuellem Rückzug. Fällt es Paaren auch noch schwer, miteinander zu reden und sich neue Chancen zu geben, so entstehen daraus tiefgreifende Störungen.

Doch eine erfüllte Sexualität kann wieder erlernt werden, so wie sie »verlernt« wurde. Vielen Menschen hat die Offenheit geholfen, mit der heute über Sex gesprochen wird. Sie haben sich bewußt entspannt und sich in fast spielerischer Art und Weise angstauslösenden Situationen gestellt. Oft entdeckten sie dabei, daß gemeinsames Reden und eine entspannte Haltung vieles wieder gut machen kann.

Es gibt heute eine Vielzahl von Selbsthilfebüchern, die Ehepaaren helfen können, eine neue Zärtlichkeit einzuüben.

Nun gibt es aber auch den *Weg des Verzichtes*, den man in Seelsorge und Therapie nicht geringschätzig abwerten sollte. Manchmal fühlt sich ein Ehepaar wohler dabei, auf genitalen Sex zu verzichten, als sich in fast akrobatisch anmutender Disziplin aufzutrainieren. Nicht immer werden diese Paare unglücklich. Denn es gibt in der Tat noch vieles andere im Leben als nur Sex. Manche finden sich damit ab und betrachten ihren Lebensstil als Alterserscheinung. Sie lernen es, auf andere Weise schöne gemeinsame Erfahrungen zu machen und das Leben zu genießen. So ist es also nicht nur übendes Lernen, das Sexualität wieder befriedigend macht, sondern auch *das Lernen, mit Grenzen zu leben*.

Im bisher Gesagten wurden vor allem die sexuellen Konflikte der Verheirateten angesprochen. Mindestens so problematisch ist jedoch der Umgang mit Sexualität für diejenigen, die keinen Lebenspartner gefunden haben. Gerade für die Singles unter den Christen stellt sich hier ein Aufgabenfeld, das nicht immer leicht zu bewältigen ist und eine immer neue Bejahung ihrer Lebenssituation erfordert.

Sex beim neurotischen Menschen

Was ist es nun aber, das Sex gerade für sensible und selbstunsichere Menschen in Belastungssituationen so schwierig macht? Sicher wäre es falsch, alle neurotischen Menschen als sexuelle Versager hinzustellen. Hier sehe ich auch eine besondere Gefahr der Etikettierung durch diejenigen, die die »ekklesiogene Neurose« einseitig mit Sexualstörungen in Beziehung bringen.

Und doch: Gerade neurotische Menschen erleben im Umgang mit ihrer Sexualität den inneren Zwiespalt zwischen überlieferten Idealen, unangepaßten Lebenseinstellungen und der Realität ihrer Triebe in besonderem Maße. So kann eine sexuelle Thematik ganz im Vordergrund stehen, wenn es darum geht, eine Beziehung befriedigend zu gestalten. Die Hemmungen, Zweifel und Ängste, aber auch die körperlichen Beschwerden, die die Arbeits- und die Genußfähigkeit des neurotischen Menschen vermindern, können auch Einfluß auf seine »Liebesfähigkeit« nehmen und erhebliches Leiden verursachen.

Beim neurotischen Menschen geht es nicht nur um sexuelle Funktion, sondern um Beziehung, um subtile Formen der Annahme und der Enttäuschung. Ein klassisches Beispiel für die Erlebniswelt des neurotischen Menschen ist der »Junggeselle« von Emmanuel Bove, der in einer Buchbeschreibung treffend zusammengefaßt wurde.[7] Der Held des Buches, Albert Guittard, »verspürt nach einem erfolgreichen Unternehmerleben das Bedürfnis nach einer Ehefrau. All seine Bemühungen versanden jedoch in einer seltsamen Zögerlichkeit: Er scheint in den Konjunktiv seiner Wünsche verliebter zu sein als in die Frauen, auf die sie sich richten. Angestrengt macht er ihnen den Hof, in subtilsten Andeutungen taktierend; ängstlich, aber eifrig lauert er auf Enttäuschungen, die es ihm erlauben, sich aus der unübersichtlichen Welt der Liebesbeziehungen beleidigt zurückzuziehen ...«

Große Probleme können sensible Menschen auch mit ihrer sexuellen Ausrichtung haben. So wird von dem bekannten Schriftsteller Thomas Mann berichtet, der verheiratete Familienvater habe »Kälte, ja Widerwillen gegen eheliche Vereinigungen« verspürt. Der Grund waren ausgeprägte homosexuelle Tendenzen. Der Schriftsteller habe sein gesellschaftliches Ansehen mit Verzicht, Leiden, Selbstzucht, Beherrschung, Triebunterdrückung bezahlt. »Thomas Mann hat seine Sexualität ein Leben lang als Schwäche, Krankheit, Versagen empfunden; nur nahezu vollkommenes Entsagen schien ihm der einzig erträgliche Umgang mit der Natur ...«[8] Hätte Mann seine Hemmungen religiös begründet, er wäre sicher in die Reihe der ekklesiogen Verformten aufgenommen worden. So aber schildern uns seine Tagebücher ein notvolles Einzelschicksal im Zwiespalt von Dichterpflichten, Familienideal und sexueller Neigung, von Selbstdisziplin und Entsagung ohne explizite Beweggründe eines christlichen Glaubens.

Neurotisch-religiöse Konflikte zwischen Ideal und Wirklichkeit

Wo spielt nun die Religiosität eines Menschen oder seines Umfeldes eine Rolle in der Entstehung und Ausprägung einer Sexualstörung? Gibt es sie wirklich, die spezifische »kirchlich verursachte« Sexualstörung? Betrachtet man die Einzelschicksale auf dem Hintergrund der allgemeinen Nöte menschlicher Existenz, so lassen sich auch hier die neurotisch-religiösen Konflikte in einem größeren Zusammenhang sehen:
– in Spannungen zwischen Werthaltungen und Triebbedürfnissen
– in Unsicherheiten bezüglich der sexuellen Identität
– in psychovegetativen Störungen bis hin zur völligen Impotenz
– in zwischenmenschlichen Konflikten (in christlichen Familien und Gemeinden)
– im Konflikt zwischen den Anforderungen einer Institution und den Bedürfnissen des einzelnen
– als Reaktion auf Streß und soziale Belastungen, die es auch in kirchlichen Berufen gibt.
   Damit sollen die sexuellen Nöte nicht bagatellisiert werden, die von religiösen Menschen in die Therapie eingebracht werden. Oft hören Seelsorger, Ärzte und Therapeuten tragische Lebensberichte, die einen innerlich mitleiden lassen bis an die Grenze des Erträglichen. Drei Beispiele sollen dies verdeutlichen:
a) Ein feinfühliger junger Mann, Mitglied einer christlichen Jugendgruppe, kommt mit Schlafstörungen und Depressionen in die Sprechstunde. Vor kurzem ist eine Freundschaft mit einem Mädchen auseinandergebrochen. Er steht im letzten Jahr seiner Lehre und kämpft mit schlechten Schulleistungen. Im vergangenen Sommer hat er einen Missionseinsatz mitgemacht und eine neue Vertiefung seines Glaubens erlebt. In seinem Bemühen, sich Gott ganz hinzugeben, möchte er auch sexuell ein reines Leben führen. Sein großes Problem aber ist die Selbstbefriedigung, die er als Sünde empfindet. »Immer wieder falle ich. So kann mich Gott nicht mehr annehmen!«[9]
b) Ein Ehepaar ist seit zwei Jahren verheiratet. Beide sind überzeugte Christen und kommen aus streng religiösen Elternhäu-

sern; er ist 40 und sie 25 Jahre alt. Ihre sexuelle Beziehung funktioniert eigentlich ganz gut, aber die junge Frau leidet an massiver seelischer Instabilität. Sie weint häufig, leidet unter Ängsten und möchte am liebsten den Mann immer um sich haben. Oft macht sie ihm eine Szene, wenn er beruflich für zwei Tage fortgehen muß oder abends noch eine Sitzung hat. Nun wird auch er zunehmend depressiv, hilflos, geplagt von einer tiefsitzenden Angst vor den Reaktionen seiner Frau. Häufig zieht er sich zurück und besucht noch regelmäßiger die Gemeindeveranstaltungen, um dort Trost und Halt zu finden. Die beiden erfahren eine zunehmende Entfremdung, doch sie fühlen sich aneinander gekettet, weil sie Christen sind. In ihrer Gemeinde bedeutet Scheidung absolutes Versagen und das Ausscheiden aus dem Ältestenrat. In einem Gespräch bricht es aus ihm heraus: »Für mich gibt es nur die Alternative: Scheidung oder Selbstmord. Ich halte diese Frau nicht mehr aus! Doch beides ist Sünde. Und so werde ich das mir auferlegte Schicksal wohl tragen müssen.«

c) Eine junge Frau aus chaotischen Familienverhältnissen findet mit 22 zum Glauben. Sie lernt einen Freund kennen, der ebenfalls Christ ist. Während der Verlobungszeit wurde Sex zum Problem. Während er sich immer stärker zu ihr hingezogen fühlte, blieb sie zurückhaltend mit dem Hinweis, daß sie als Christen keinen vorehelichen Geschlechtsverkehr haben sollten. Doch auch nach der Heirat funktionierte es nicht. Sie lag zwar gerne in seinen Armen, aber sie konnte sich ihm nicht hingeben. Erst im Verlauf von Gesprächen kam der tiefere Grund heraus: Die junge Frau war als Kind mehrfach brutal sexuell mißbraucht worden und hatte noch immer dumpfe Angst und Ekel vor sexueller Nähe.

Neurotisches Leiden an der Sexualität

Es fällt mir schwer, diese Beispiele als »ekklesiogene« Sexualprobleme zu etikettieren, die allein durch die Kirche oder durch den

Glauben verursacht worden seien. Und doch haben alle ihre sexuellen Probleme im Kontext ihres religiösen Umfeldes erlebt.

Welchen Einfluß hat denn nun der Glaube auf häufige neurotisch-religiöse Konflikte im Bereich der Sexualität?

NEUROTISCH-RELIGIÖSE KONFLIKTE UND
SEXUALITÄT:

A Die religiöse Prägung von Idealen
1. eindeutige biblische Gebote bzw. Verbote
2. Empfehlungen für besondere Menschen und Umstände
3. Anwendung allgemeiner biblischer Prinzipien auf die
   persönliche Sexualität

B Die Gestaltung des sozialen Umfeldes durch Glaubens-
aspekte
1. Religiöses Elternhaus
2. Institutioneller Zwang
3. Gruppendruck in religiöser Gemeinschaft

C Die religiöse Verarbeitung von unerfüllten Wünschen

Die Ideale eines Menschen für den Umgang mit seiner Sexualität
werden durch viele Faktoren seiner Biographie geprägt. Die religiösen Leitlinien sind, wie wir gesehen haben, sehr vielgestaltig.
Es wird also darauf ankommen, von welchen Quellen sich ein
Mensch prägen läßt. Die biblischen Prägungen des Ideals, die in
Widerspruch zu aktuellen Wünschen und Bedürfnissen stehen
können, lassen sich wie folgt einteilen:
1. Eindeutige Gebote bzw. Verbote (z.B. Ehebruch, Verkehr mit
   Tieren etc.)
2. Empfehlungen für besondere Menschen in besonderen Umständen (z.B. Ehelosigkeit, um sich ganz der Ausbreitung des
   Evangeliums oder der Wohltätigkeit zu widmen[10]). Diese Lebensform wird noch heute frei gewählt von Diakonissen und
   Ordensleuten und Priestern, um nur einige Beispiele zu nennen.

3. Die Anwendung allgemeiner biblischer Prinzipien (»Reinheit«, »Keuschheit«) auf die persönliche Sexualität. Hier ergeben sich am meisten Konflikte mit biblisch unklar begründeten Lehren. Insbesondere die Selbstbefriedigung oder die Formen vorehelicher Zärtlichkeit werden aus christlicher Sicht unterschiedlich gewertet. Nicht immer kann von Sünde gesprochen werden, eher schon von persönlichem Umgang mit den natürlichen Regungen des eigenen Körpers im Spannungsfeld von Ich und Du.

Zwischen Prüderie und Verantwortung

Die religiöse Prägung der Sexualität erfolgt nun aber nicht nur direkt durch die Bibel, sondern auch durch das soziale Umfeld, in dem der Glaube eine wichtige Rolle spielt.

Ein religiöses Elternhaus kann sehr unterschiedlichen Einfluß auf die sexuelle Entwicklung nehmen. Im allgemeinen läßt sich keine Regel aufstellen. Viel wirksamer als die Vermittlung christlich-ethischer Leitlinien sind die Vorbildwirkung der Eltern, die emotionale Stabilität und das offene und altersentsprechende Diskutieren von sexuellen Themen. Dabei dürfen die »Miterzieher« nicht vergessen werden: Schulkameraden und Vorbilder aus Film und Fernsehen (vgl. Tabelle 9-1). In Einzelfällen kommt es aber zu sehr verzerrten religiösen (Ab-)Wertungen der Sexualität durch die Familie, die sich tief in das Bewußtsein eines jungen Menschen eingraben können.

Institutioneller Zwang: Besondere Spannungen entstehen dort, wo Beruf oder Stellung eine entsprechende Lebenshaltung erfordern (Geistliche, Diakonissen, Älteste, Kirchenvorstand). In der Tat kann es, beispielsweise bei einem außerehelichen Verhältnis eines Pfarrers, zu einer tiefgreifenden Krise bis hin zum Suizidversuch kommen.[11] Dies hat primär nichts mit seinem Glauben zu tun: Auch religiös ungebundene Männer können am Konflikt zwischen Ehefrau und Geliebter in einem Maße leiden, das durchaus neurotische Dimensionen annehmen kann. Gleichzeitig wählt sich jeder seine Institution selbst, zu der er sich zählen möchte. Unethisches oder unsolidarisches Verhalten führt auch bei anderen Institutionen, beispielsweise bei Parteien oder Um-welt-Organisationen dazu, daß es zu Konflikten kommt. Die Kir-che tut sich daher keinen Gefallen, wenn sie im Bemühen um ein toleranteres Image keine Grenzen mehr setzt. Vielmehr müssen sich diejenigen, die sich an ihren Institutionen wund reiben, ohne sie zu verlassen, fragen, ob es nicht auch Teil ihrer neurotischen Problematik sei, daß sie in Selbstmitleid und unselbständigen Ab-hängigkeitswünschen ohne Verantwortung verharren. Im Vorder-grund steht dann nicht krankmachender Glaube, sondern eine mangelnde Bereitschaft, sich an die Regeln einer frei gewählten Institution zu halten.

Gruppendruck in religiöser Gemeinschaft: Für manche gläubi-ge Eltern ist ein uneheliches Kind die größte Katastrophe, die ih-nen eine Tochter antun kann. Die Angst um die Familienehre oder die Ehre Gottes kann zu einem enormen inneren Druck führen, der die Eltern oft vergessen läßt, daß ihre Kinder gerade in einer so schweren Situation ihre besondere Liebe brauchen. Immer mehr Nöte entstehen auch dort, wo ein Paar in die Krise gerät oder es zur Scheidung kommt. Man schämt sich derart vor den Mitchristen, daß man nicht mehr in die Gemeinschaft geht und weiter vereinsamt. Hier ist meiner Meinung nach ein neuer Umgang mit denen angezeigt, die durch Partnerschaftskrisen ge-hen. Gleichzeitig habe ich auch Verständnis, daß man sich denen entfremdet, die einen noch aus glücklicheren Zeiten kennen. Oft braucht es eine andere Gemeinde, um einen Neubeginn zu ma-chen.

Mit unerfüllten Wünschen leben

Eine religiöse Grundhaltung hat vielen Menschen dazu verholfen, mit ihren sexuellen Grenzen zu leben, sie zu erleiden und den-noch nicht aus einer Beziehung auszubrechen, obwohl sie längst nicht mehr das gibt, was man sich davon erhofft hatte. Eindrücklich schildert die vom Hals an gelähmte Autorin Joni Eareckson Tada ihren Kampf mit der Tatsache, daß sie als lebenslustige und sinnliche junge Frau nie im Leben eine sexuelle Beziehung werde haben können. Für sie war der Glaube in dieser inneren Auseinandersetzung eine wesentliche Hilfe.

Von manchen Therapeuten wird dies als falsche frömmlerische Ergebenheit gedeutet: Auf diese Weise würden frustrierende und seelenverstümmelnde Muster zementiert, anstatt Auswege zu suchen und sich vielleicht auf andere Weise oder in einer neuen Beziehung neu zu entfalten. Hier stehen sich humanistisches Ideal und christliche Seelsorge gegenüber, der Mythos von der stetigen Erfüllung persönlicher Bedürfnisse gegen die Lebensrealität eines verantwortlichen Lebens trotz unerfüllter Wünsche.

Nicht immer ist Scheidung oder Sex-Therapie die Lösung. Oft wählen Menschen den Weg der »Sublimation«. Diese kann, muß aber nicht vom Glauben her geprägt sein, wie das Beispiel von Thomas Mann gezeigt hat.[12] Im tiefsten Inneren bleibt vielleicht die Sehnsucht nach Erotik, doch im Abwägen von Pro und Contra geht man den Weg des Verzichtes. Im religiösen Bereich kann Sublimation beispielsweise folgende Formen annehmen: Ein Mann, der bei seiner Frau keine sexuelle Erfüllung findet, engagiert sich vielleicht mehr in der Kirche oder strebt nach tieferer Gottesbeziehung und Verinnerlichung. Eine Frau sublimiert ihre unausgelebten Energien vielleicht in der Kindererziehung, im kirchlichen oder kulturellen Engagement.

Nicht vorschnell pathologisieren

Manchmal hat man auch in der Seelsorge den Eindruck, ein einzelner oder ein Paar hätten sich allzu schnell mit einer schmerzlichen Verzichtsituation abgefunden. Nie darf solche Aufgabe sexueller Gemeinschaft leichtfertig in Kauf genommen werden. Denn wer sich in eine Paarbeziehung einläßt, hat auch eine Verantwortung für den sexuellen Bereich, weit hinaus über reine Zeugungsabsichten.[13] So möchte man oft einem Ehepaar Mut ma-

chen, sich nochmals einzulassen in neue Erfahrungen von sexueller Erfüllung ohne falsche Schuldgefühle und ohne falsche Hemmungen. Denn oft haben sich Schuldgefühle an biblisch nicht be-
gründbaren Idealen orientiert, und Hemmungen haben sich
durch negative Erfahrungen eingeschliffen.

Doch hier gilt es auch *feinfühlig* zu sein gegenüber diesem in-
timsten Bereich einer Ehe. Der Therapeut oder auch der Seelsorger darf individuelle Wege in der Bewältigung sexueller Trieblö-
sung nicht vorschnell pathologisieren, auch wenn sie nicht seinem
persönlichen Ideal entsprechen. Es wäre denn auch ein Irrtum zu
glauben, jede ethische Spannung im Leben und insbesondere im
Bereich der Sexualität sei falsch. Bedenken wir: Hemmungen und
Gewissensängste können auch schützen. Immer wieder wird das
Ideal einer spannungsfreien Sexualität derart überzeichnet, daß
dabei völlig vergessen wird, daß die größten zwischenmenschlichen Probleme gerade dort entstehen, wo das Spannungsfeld zwischen sexueller Lust und Verantwortung nicht ausgehalten wurde (Seitensprung, Vergewaltigung, sexueller Mißbrauch).

So mag ein Mann wohl die »ekklesiogene Last« beklagen, die
ihm durch den Verzicht auf Geschlechtsverkehr vor der Ehe
auferlegt wurde. Aber – wie wäre er mit seiner Freundin umge-
gangen, wenn sie vor der Zeit ein Kind erwartet hätte? Eine Frau
mag wohl die »prüde Erziehung« durch ihre religiöse Mutter als
Grund für ihr mangelndes sexuelles Verlangen verantwortlich
machen, aber wie hätte sie wohl ein permissiveres Leben mit
mehrfachen Partnerwechseln verkraftet? Welche inneren Beweggründe und Erfahrungen haben wohl zusätzlich zu ihrer jetzigen
Situation beigetragen? Wir wissen die Antworten nicht.

Es fällt so manchen Therapeuten leicht, die Fehler der Eltern
in der Sexualerziehung anzuprangern. Doch oft wird übersehen,
daß Väter und Mütter in bester Absicht versucht haben, ihre Kinder vor denjenigen Fehlern zu bewahren, an denen sie selbst ein
Leben lang gelitten haben. Nicht immer ist es ihnen gelungen,
ihre Erfahrungen und ihre Ängste den Kindern so weiterzugeben,
daß diese sie verstehen konnten. Und allzu oft waren es gerade
die Einschränkungen und die Warnungen, die das Verbotene um-

so spannender machten. Väter und Mütter von Heranwachsenden müssen immer wieder lernen, ihre Kinder loszulassen. Die nächste Generation muß selbst Verantwortung übernehmen. Und während »die Starken«, die seelisch Stabilen ihren Weg gehen, leiden »die Schwachen«, die Sensiblen ein Leben lang an den Idealen, die ihnen der Glaube im komplexen Zusammenspiel mit anderen Einflüssen vorgegeben hat.

Wenn wir die Bibel ernst nehmen und ihre ethischen Leitlinien als hilfreich betrachten, so müssen wir immer wieder darüber nachdenken, was sie mit dem Begriff der Reinheit oder der Keuschheit meint. Es kann nicht darum gehen, allen unterschiedslos die gleiche Lebensform zu empfehlen. Keuschheit bedeutet mehr als sexuelle Abstinenz beim Ledigen, aber auch mehr als Beschränkung der Sexualität auf die Ehegemeinschaft. Es gilt Keuschheit inhaltlich von der Bibel her zu definieren ohne falsche Dogmatik und ohne unrealistische Ideale. Luther soll einmal den Satz geprägt haben: »Keuschheit ist die vom Heiligen Geist geprägte Sinnlichkeit.« Dieses Spannungsfeld zwischen persönlicher Frömmigkeit und »gottgegebener Leiblichkeit« muß jeder für sich finden. Letztlich gelten im Bereich der Sexualität die gleichen biblischen Regeln wie für das christliche und menschliche Miteinander im allgemeinen. Sexualität kann nur dort wahrhaft sinnerfüllt sein, wo sie in Liebe und Verantwortung in das Leben als Ganzes integriert wird, in all ihrer Schönheit, aber auch in den notvollen Grenzen unseres Daseins.

Tabelle 9-1: Zusammenfassung: Sexuelle Störungen im Kontext

- Sexuelle Störungen kommen bei vielen Menschen vor, egal, ob sie gläubig sind oder nicht.
- Die Sexualität des einzelnen wird heute nicht zuletzt durch überhöhten Leistungsdruck, die Sexualisierung der Umwelt und durch eine mangelnde Verbindlichkeit negativ beeinflußt; kirchlich-ethische Wertungen stehen heute eher im Hintergrund.

- Depressionen und psychosomatische Störungen haben oft einen hemmenden Einfluß auf die sexuelle Funktion. Sexuelle Dysfunktionen sind einerseits Symptom dieser Störungen, können aber gleichzeitig auch zum belastenden Thema werden.
- In einer Paarbeziehung ist eine erfüllte Sexualität immer abhängig von beiden Partnern und oftmals Ausdruck der interpersonellen Dynamik.
- Die Abklärung sexueller Störungen muß multifaktoriell, also medizinisch und psychologisch erfolgen.
- Religiöse Menschen versuchen, sexuelle Probleme auch auf dem Hintergrund ihres Glaubens zu verstehen und zu lösen.
- Sexualität entzieht sich in ihrer triebhaften Komponente immer wieder einer völligen Willenskontrolle. Sie kann daher bei sensiblen Menschen in den Konflikt zwischen »Fleisch und Geist« führen.
- Persönliche Reife beinhaltet einen entspannten und zugleich verantwortlichen Umgang mit der eigenen Sexualität, wobei sich vielfältige individuelle Lösungen ergeben können, von einer bewußten Öffnung für eine erfüllte Sexualität in der Ehe bis hin zu einem Verzicht auf das Ausleben von Sexualität.
- Der Seelsorger und Therapeut darf bei einem Ratsuchenden einen individuellen Weg im Bereich der Sexualität nicht vorschnell als krankhaft bezeichnen, auch wenn er nicht seinen persönlichen Idealen entspricht.

Anmerkungen

1 vgl. dazu die Veröffentlichungen von Drewermann 1989 und Ranke-Heinemann 1989

2 Die Sex-Reports von Alfred Kinsey, Shere Hite, Margaret Mead sowie Masters und Johnson haben das Bild einer permissiven Gesellschaft gezeichnet, die möglichst ohne Tabus und Hemmungen mit Sexualität umgeht. Doch neuere Überprüfungen ihrer Grundlagenarbeit stellen viele ihrer Behauptungen in Frage. Kritiker werfen ihnen vor, sie hätten vor allem die Aussagen derjenigen gewichtet, die exhibitionistisch genug waren, über ihre Sexualität zu berichten (vgl. Reisman 1990) oder im Falle der Samoa-Studien die Augen vor den negativen Aspekten der Sexualität bei den »glücklichen Wilden« verschlossen (Freeman 1983). Insbesondere die Ergebnisse der Sextherapeuten wurden stark in Frage gestellt, vgl. Zilbergeld 1980, Garcia 1983.

3 vgl. Fliegel 1990 und Boelhouwer 1990

4 Franks 1978

5 Buddeberg 1987

6 Die Zusammenhänge zwischen Depression und Sexualität wurden sehr umfassend bei Derogatis et al. 1981 untersucht und belegt. Die Autoren weisen jedoch darauf hin, daß die Interpretation der Befunde mit Vorsicht erfolgen sollte, weil die Ursache-Wirkungs-Zusammenhänge zwischen psychologischer Belastung und sexueller Dysfunktion komplex und unerforscht seien.

7 Bove E. (1990) Ein Junggeselle. Manholt Verlag, Bremen, Buchbesprechung im Spiegel 25/1990, S. 190

8 Aus einem Bericht von Karasek im Spiegel 46/1991, S. 317 ff.

9 Von den Vertretern des »ekklesiogenen« Modells werden junge Menschen mit diesem Problem als »Onanie-Skrupulanten« bezeichnet

10 vgl. 1. Korinther 7, 25ff.

11 vgl. das Beispiel in Kapitel 2, S. 34

12 Ein weiteres klassisches Beispiel gibt Sigmund Freud, der als Vater von sechs Kindern seit seiner Lebensmitte seine Sexualität nicht mehr auslebte, sondern sich nur noch seinen Patienten und dem Ausbau seiner analytischen Theorie widmete (vgl. Drewermann, Kleriker, S. 847)

13 vgl. 1. Korinther 7,1-9

Kapitel 10

Neurotische Verzerrungen des Gottesbildes

Denn ihr habt nicht einen knechtischen Geist empfangen, daß ihr euch abermals fürchten müßtet; sondern ihr habt einen kindlichen Geist empfangen, durch den wir rufen: »Abba, lieber Vater!« Der Geist selbst gibt Zeugnis unserm Geist, daß wir Gottes Kinder sind. Römer 8,15-16

Da wird also unterschieden zwischen zwei Geisteshaltungen gegenüber Gott. Der »knechtische Geist« fürchtet sich vor Gott, während der »kindliche Geist« ihn vertrauensvoll mit »Papa«, »Abba, lieber Vater« anspricht.

Es sind aber nicht nur innere Haltungen, sondern da ist auch eine Kommunikation zwischen dem Geist Gottes und unserem Geist. Der Geist Gottes bestätigt uns, daß wir Gottes *Kinder* sind, nicht Sklaven oder Knechte, nicht eine verelendete Randgruppe, die von Gottes Gnade lebt; nicht geduldete Gastarbeiter, deren Aufenthaltsbewilligung begrenzt ist; auch nicht rechtlose Asylanten, die jederzeit wieder abgeschoben werden können. Nein, wir sind Kinder Gottes: Wir müssen uns Gott nicht knechtisch, sklavisch-unterwürfig, gebunden und angstvoll nähern, voller Furcht vor einem rachsüchtigen, haarspalterisch-gesetzlichen Überwesen. Ein Kind Gottes darf kindlich-vertrauensvoll zu Gott kommen, in dem Wissen, daß der Vater es liebt und ihm nur das Beste geben möchte. Da gibt es keine Audienzzeiten, die man sich durch Mittelsmänner, Juristen und Lobbyisten ergattern muß, um für ein paar Minuten mit ihm reden zu können. Nein, seine Kinder dürfen zu ihm kommen zu jeder Zeit, auch dann, wenn man nichts vorzuzeigen hat, auch dann, wenn man versagt hat und an Gott und der Welt verzweifelt.

Ist das nicht allzu leicht gesagt? Leiden nicht viele Menschen eben an diesem verzerrten »knechtischen« Bild Gottes? Wie läßt sich das Böse in dieser Welt erklären, wenn die Bibel von einem liebenden und vergebenden Gott spricht? Ist es da nicht verständlich, daß Menschen sich durch den Gedanken an Gott bedrückt und in keiner Weise getröstet fühlen? Und welche Hoffnung gibt es für diejenigen, die unter einem bedrückenden Gottesbild leiden?

Wie stellt die Bibel Gott dar?

Bevor wir darauf eingehen, wie Menschen in unserer Zeit Gott erleben, wollen wir uns fragen: Wie stellt die Bibel Gott dar? Welches »Bild« Gottes, welches Wesen Gottes kommt uns aus dem Lesen der Schrift entgegen? Dabei geht es ja nicht um ein »Bild« Gottes im engeren Sinne eines Götzenbildes, das im ersten Gebot klar verboten wird, sondern um die Art und Weise, wie sich Gott den Menschen in der Bibel offenbart. Hatten es die Menschen in der Bibel immer so leicht, sich ein »kindliches« Bild von Gott, dem liebenden Vater, zu machen?

Interessanterweise begegnen wir auch in der Bibel einem Spannungsfeld: Sie zeigt uns beide Seiten Gottes: Da ist einerseits *Gott, der Allmächtige*, der Schöpfer des Universums, der Unnahbare, den kein Mensch erkennen kann, der Zornige, der Rächer, der Weltenrichter des Jüngsten Tages. Doch da ist auch *Gott, der mit Menschen eine Beziehung eingeht*, der sie liebt, sie umwirbt, eifersüchtig über ihnen wacht, der sie heimsucht, der sie beschützt. Ja, Gott ist der *himmlische Vater*, er ist es, der uns tröstet, wie eine *Mutter* tröstet.[1]

Untersucht man die Bibel auf die Art, wie sie uns Gott darstellt, so merkt man bald, daß sie eigentlich Geschichten erzählt von Menschen, die in ganz individueller und unterschiedlicher Weise Gott erlebt haben.[2] Da tut sich eine weite Palette von Gotteserfahrungen auf, von vertrauensvoller Hingabe an den lieben-

den und fürsorglichen Vatergott bis hin zum Leiden am tatenlo-
sen Gott, der sein Volk den brutalen Soldaten ferner Völker aus-
liefert oder der scheinbar grundlos unsägliches Leid über einen
Menschen kommen läßt. Die Psalmisten stellen Gott manchmal
hart in Frage, halten ihm seine Verheißungen vor, die er nicht ein-
gehalten habe, und klammern sich gleichzeitig an seine unwandel-
bare Treue. Wir erleben etwas mit von dem inneren Weg, den
Menschen gehen in ihrer Erfahrung mit Gott inmitten irdischen
Leides. Ihre Gebete lassen uns einen Blick tun in die Gefühlswelt
der damaligen Menschen, von Hiob bis David, in ihrem Ringen
mit Gott, das gleichzeitig auch ein Ringen mit sich selbst ist, ein
Reifen an der Auseinandersetzung mit Gott.[3]

Theorien über die Entstehung des Gottesbildes

In der Psychologie wird das Gottesbild immer wieder als Vorgang beschrieben, der im Grunde im Kopf vor sich geht und keine Aussage über den objektiven Gott zuläßt (so man denn an ihn
glaubt). Schon der Philosoph Ludwig Feuerbach (1804-1872)
stellte die These auf: »Das göttliche Wesen ... ist nichts anderes
als das menschliche Wesen ... Alle Bestimmungen des göttlichen
Wesens sind darum Bestimmungen des menschlichen Wesens ...
Die Religion ist die Entzweiung des Menschen mit sich selbst: er
setzt sich Gott als ein ihm entgegengesetztes Wesen gegenüber.«[4]

Für Sigmund Freud war das Gottesbild, das Über-Ich, Ausdruck des Bildes vom Vater. Das »Ichideal« entwickle sich aus der
Verdrängung des Ödipuskomplexes:

*»Das Über-Ich wird den Charakter des Vaters bewahren, und
je stärker der Ödipuskomplex war, je beschleunigter (unter dem
Einfluß von Autorität, Religionslehre, Unterricht, Lektüre) seine
Verdrängung erfolgte, desto strenger wird später das Über-Ich als
Gewissen, vielleicht als unbewußtes Schuldgefühl über das Ich
herrschen ...«[5]*

Mit der Elternbeziehung hat sich die Psychoanalytikerin Mar-
gareth S. Mahler und ihr Team intensiv auseinandergesetzt. In

ihrem Klassiker »Die psychische Geburt des Menschen«[6] schildert sie die Entwicklung des Kindes, von seinen ersten Erfahrungen bis hin zur Adoleszenz. In seiner anfänglichen Hilflosigkeit ist es völlig von der Fürsorge der Eltern abhängig. Hier erlebt es Zuwendung und Versorgung, ohne daß es eine Gegenleistung geben kann, außer vielleicht seinem Lächeln. Im Verlauf der ersten Lebensjahre bildet sich im Kontakt mit den Eltern eine eigene Persönlichkeit (Individuation und Objektbeziehung). Vertrauen wird um so besser erlernt, je verläßlicher die elterlichen Reaktionen für das Kind sind. Aus dieser Erfahrung kann das Kind dann auch gewisse Frustrationen ertragen lernen, weil es weiß, daß es sich auf die Eltern verlassen kann, auch wenn es einmal warten muß.

Von der »Geburt des lebendigen Gottes« in der menschlichen Psyche spricht Ana-Maria Rizzuto.[7] Sie schreibt:

»Das Gottesbild unterliegt den gleichen Wechselfällen anderer Objekte. Ambivalente Gefühle mischen sich mit Sehnsucht; Wünsche, Gott zu vermeiden, vermischen sich mit Wünschen nach seiner Nähe. Die Suche nach Liebe, Annahme und Führung wechselt sich ab mit lärmiger und rebellischer Ablehnung, Zweifel und demonstrativer Unabhängigkeit. Der Stolz auf treuen Dienst für Gott kontrastiert mit schmerzlichen Zweifeln, unwürdig zu sein. In diesen komplexen und vielschichtigen Umgangsweisen mit Gott beginnen die Abwehrmechanismen zu wirken, die den einzelnen vor Angst und Schmerz schützen sollen.«

Die Entwicklung des Glaubens und damit auch des Gottesbildes beim Kind und beim Erwachsenen wurde in den vergangenen Jahren eingehend untersucht. So stellte der Harvard-Theologe James Fowler[8] sieben Stufen des Glaubens dar, vom ursprünglichen Glauben des Kindes bis hin zum universellen Glauben. Ähnliche Untersuchungen im deutsch-sprachigen Raum wurden von Oser und Gmünder veröffentlicht, die fünf »Stufen des religiösen Urteils« herausarbeiteten.[9]

Damit wurden lebensnahe und differenzierte Alternativen zu den rein psychoanalytischen Theorien der Persönlichkeitsentwicklung geschaffen, die bis in unsere Zeit die kirchliche Pastoralpsychologie einseitig dominiert hatten.

Während Fowler allerdings davon ausging, daß die einzelnen Stufen nacheinander vom Kind bis zum reifen Erwachsenen durchlaufen werden, beobachtet man in der Praxis oft, daß auch erwachsene Menschen auf früheren Glaubensstufen stehenbleiben können. Diese widerspiegeln auch einen seelischen Reifungsgrad. Gerade in der Frage des Gottesbildes finden wir bei vielen neurotischen Menschen ein Stehenbleiben auf einer Stufe, die stark mit Gefühlen und Wahrnehmungen verbunden ist und die kritische Reflexion eigener Werte und sozialer Zusammenhänge noch nicht kennt.

Wie erleben Menschen Gott?

Kehren wir nun aber zurück zum Menschen und zu seinem Bild, das er sich von Gott macht. Gespräche mit Gesunden und Leidenden zeigen immer wieder, daß es sich um eine sehr persönliche Erfahrung handelt, um eine erfahrungsgeleitete Konstruktion einer Vorstellung, die vieles von dem widerspiegelt, was ein Mensch mit andern erlebt hat, was er sich wünscht und was er fürchtet. Einige Beispiele sollen dies illustrieren:

Wunschverweigerung und Gottesablehnung (Pablo Picasso): »Er war 13 Jahre alt, als seine acht Jahre alte Schwester Conchita an Diphterie starb. Der junge Picasso hatte ihren Verfall von dem lächelnden Mädchen mit den blonden Locken zu einem Schatten ihrer selbst beobachtet. Er sah das verzweifelte Kommen und Gehen des Arztes, er durchlebte den Kampf der Eltern um das Leben seiner Schwester. In seinem Schmerz schloß Pablo einen verzweifelten Pakt mit Gott. Er versprach, seine Kunst zu opfern und nie mehr einen Pinsel anzurühren, wenn Gott dafür Conchita rettete. Danach war er hin- und hergerissen zwischen dem Wunsch, sie zu retten, und dem Wunsch, sie möge sterben, damit ihm die Malerei erhalten bliebe. Ihr Tod war für ihn der Beweis, daß ihm das Schicksal feindlich gesinnt und daß Gott böse sei. Zugleich glaubte er auch, daß seine Wankelmütigkeit Gott veranlaßt habe, Conchita sterben zu lassen. Er hegte große Schuldgefühle – die Kehrseite seiner Überzeugung, daß er seiner Umwelt seinen Willen aufzwingen könne.«[10]

Negatives Vaterbild und negative Lebenserfahrung: Eine 30jährige AIDS-Kranke: »Ich bin bei Pflegeeltern aufgewachsen. Von meinem Pflegevater habe ich keine Liebe erfahren. Nur an Weihnachten oder an Ostern gab es vielleicht ein kleines Geschenk. Ansonsten war er mürrisch, aufbrausend, ohne warmherzige Liebe. Wie soll ich mir Gott als Vater vorstellen, wenn ich selber keinen Vater hatte, der mir Liebe gab?«

Positives Gottesbild trotz Neurose: Eine 41jährige Frau mit massiven Ängsten, Suchtverhalten bei einer hysterischen Grundpersönlichkeit: »Am letzten Sonntag war ich wieder am Grab meines Vaters. Die Tränen strömten einfach. Am liebsten würde ich sterben und bei ihm sein. Ich halte diese Welt nicht mehr aus! Ich habe meinen Vater früh verloren. Er war ein stiller, sanftmütiger Mann. Oft hat er mich auf seinem Schoß gehabt und mir über die Haare gestrichen und mich getröstet, wenn mich die Mutter angeschrien hatte. So stelle ich mir Gott vor, auch wenn ich mich manchmal frage, warum er mein Leiden zuläßt und warum er meine Lage nicht ändert.«

Diese Beispiele zeigen in unterschiedlicher Form, die Gottesbilder von Menschen mit schweren Lebensschicksalen und mit neurotischen Erkrankungen. Nicht immer sind es die Väter, die das Gottesbild prägen[11], oft ist es auch die Enttäuschung der Erwartungen, die man an Gott stellte.

Ein Modell der Entstehung des Gottesbildes

Wenn wir uns nun in diesem Buch speziell mit der Problematik des neurotischen Menschen und seinen Verzerrungen des Gottesbildes beschäftigen, so geht es nicht nur um das Ringen psychisch einigermaßen gesunder Leute mit Gott[12], sondern darum, wie ein Mensch mit einer neurotischen Problematik, insbesondere mit

Ängsten, Depressionen und Zwängen seine Beziehung zu Gott erlebt. Auch hier gibt es keine einseitigen, monokausalen Erklärungen. Die Klischees vom Vaterbild als Ursache des Gottesbildes müssen einer breiteren Betrachtungsweise Platz machen. Das Modell der Entstehung des Gottesbildes, das ich in den Abbildungen 10-1 und 10-2 vorstellen möchte, stützt sich ab auf drei Grundlagen:

Abbildung 10-1: Prägende Faktoren des Gottesbildes

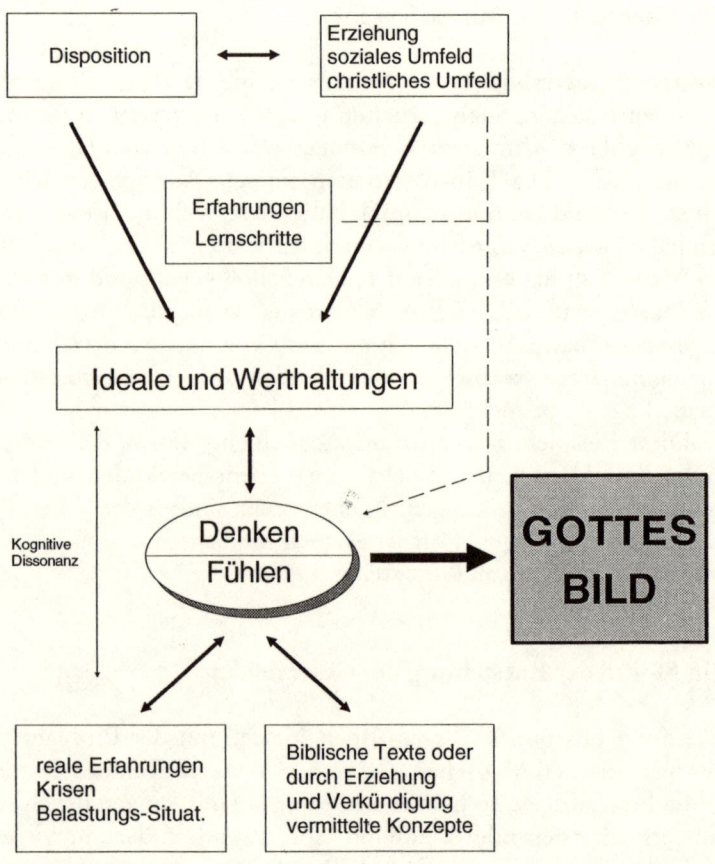

a) Klinische Erfahrungen mit psychisch leidenden Menschen, die man gemeinhin als »neurotisch« bezeichnet.
b) Empirische Studien, die die Zusammenhänge von Neurose und Religiosität erforschen und sich speziell auch mit dem Gottesbild auseinandersetzen.[13]
c) Kognitiv-lerntheoretische Konzepte, die in den vergangenen

Abbildung 10-2: Die neurotische Prägung des Gottesbildes

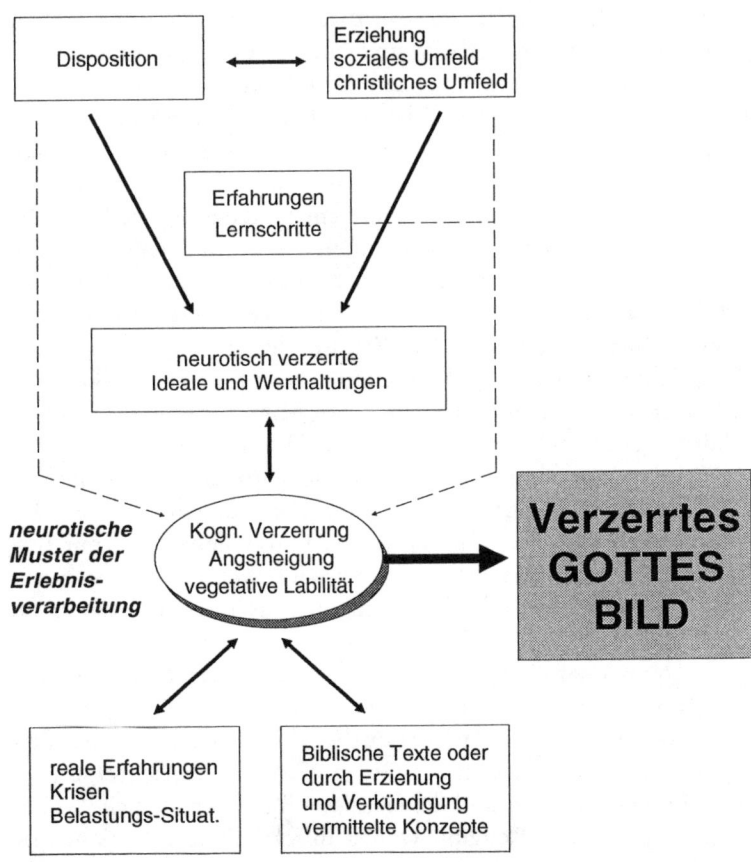

Jahren für das Verständnis von Depression und Angst wichtige Beiträge geleistet haben.

Insbesondere ist es mir wichtig, durch die Beschreibung der komplexen Zusammenhänge wegzukommen von den Schuldzuweisungen, die implizit in vielen psychoanalytischen Modellen zum Ausdruck kommen.

Manche Elemente des Modells werden dem Leser schon von der Darstellung der Entstehung neurotischer Muster bekannt sein. Hier habe ich nun besonderen Wert auf die Ideale und Werthaltungen gelegt, die in Krisensituationen im Kontrast stehen können zur realen Erfahrung und zur biblischen Gottesvorstellung, wie sie durch Erziehung und Verkündigung vermittelt wurde. Blättern Sie kurz zurück zu dem Beispiel im ersten Kapitel, wo die junge Frau, die ihre Mutter verloren hat, sagt: »Ich habe Gott nicht erlebt. Er muß geschlafen haben, als wir zu ihm schrien!« Dieses negative Gottesbild entstand daraus, weil die junge Frau in ihrem Schmerz nicht annehmen konnte, daß der »gute Gott«, von dem ihr die Mutter soviel erzählt hatte, nun Böses zuließ, ja sogar das letztendlich Böse, den unverdienten Tod der geliebten Mutter. Ähnliches hat Picasso durchgemacht, als seine kleine Schwester starb. Diese Spannung nennt man auch »kognitive Dissonanz«[14], diesen unangenehmen Mißton der menschlichen Erfahrung, der nach Auflösung in neue Harmonie verlangt.

Wie der Mensch diese Dissonanz überbrückt, hängt entscheidend davon ab, wie er mit seelischen Spannungen umgeht. Der reife Mensch wird nicht in den Kurzschluß fallen: »Weil mir Böses geschehen ist, ist Gott böse.« Er wird Wege finden, sich mit dem Leiden in dieser Welt auseinanderzusetzen und daran zu wachsen.[15]

Doch man kann auch diejenigen Menschen verstehen, die sich in ihrer Enttäuschung von Gott abwenden und nichts mehr von ihm wissen wollen. In der Literatur wird immer wieder über den Glaubensverlust bei früher gläubigen Menschen berichtet, die an ihren Enttäuschungen und Schicksalsschlägen zerbrachen. So beklagt Ringel[16] den »Religionsverlust durch religiöse Erziehung.« Und Strauch[17] fragt sich, »weshalb junge Leute fromme Traditionen aufgeben«. Einerseits seien es gesellschaftliche und schulische Einflüsse, die den Glauben in unserer Zeit erschwerten. Auf der andern Seite sieht Strauch aber auch Ursachen im Bereich der Gemeinde und der Familie. Vielfach seien christliche Traditionen erstarrt zu einer äußeren Frömmigkeit.

Besonders unter Glaubenszweifeln leiden aber diejenigen, die eigentlich ja an Gott glauben wollen, aber in ihren neurotischen Mustern der Erlebnisverarbeitung an ihm verzweifeln und ein völlig verzerrtes Gottesbild entwickeln. Bei ihnen spielen am ehesten die Erinnerungen an schmerzliche Erfahrungen mit den Eltern eine Rolle, an demütigende Situationen in der Schule oder an Verlassenheitsängste in ihrer Kindheit. Durch ihre unreife und angstbesetzte Verzerrung des Denkens – ihr »trotziges und verzagtes Herz«, wie es einmal bei Jeremia[18] genannt wird – fällt es ihnen oft auch schwer, Trost aus der Bibel zu schöpfen. Ihr Schwarz-Weiß-Denken macht es ihnen schwer, beide Seiten Gottes zu erkennen, seine Güte *und* seine souveräne Autorität. Oft können und wollen sie gar nicht ergründen, ob die von ihnen zitierte Bibelstelle sich nun wirklich auf ihre Lage anwenden lasse.

So intensiv erleben sie ihre Angst beim Gedanken an Gott, daß es für sie gar keine andere Sichtweise gibt als diejenige des furchterregenden, zornigen Gottes. Diese Art des Denkens nennt man in der Tiefenpsychologie auch »*Projektion*«: Innere Erfahrungen werden auf außenstehende Personen[19] übertragen und ihnen angelastet. Weil der sensible gläubige Mensch die Konflikte und Grenzen, an die er stößt, so eng mit seinem Glauben verbindet, werden Enttäuschungen und Verletzungen nicht als Teil seiner Persönlichkeit oder seines irdischen Erlebens verarbeitet, sondern auf Gott projiziert.

»Weil meine Eltern mich so eingeengt haben, darum habe ich heute noch Schwierigkeiten, mich in Beziehungen einzulassen.« »Weil man mich gelehrt hat, Gott sehe alles, was ich mache, darum leide ich so sehr an dem übergestrengen Gott, der in jeden Winkel meines Lebens hineinschaut, der mir keine Chance gibt, mich endlich einmal selbst zu entwickeln, auch ohne ständig daran zu denken, was er wohl dazu meint.« Hinter solchen knapp hingeworfenen Sätzen kann sich eine große Tragik verbergen, nicht nur in bezug auf die Erziehung, sondern auch in bezug auf die persönliche Verarbeitung christlicher Lehren im Kontext des gesamten Lebens. Es ist dann manchmal weniger schmerzlich, Gott oder den Eltern die Schuld zuzuschieben, als sich selbst als diejenige Person zu sehen, die ihr Leben mitgestaltet und erleidet.

So sagt also das Gottesbild viel mehr über die innere Not und die Erlebnisverarbeitung eines Menschen aus, als über Gott selbst. Dabei lassen sich auch nur begrenzt Rückschlüsse auf die wahre Natur der Eltern oder die Vermittlung religiöser Werte ziehen. Dennoch sollten Eltern und Erzieher ihr Verhalten und die Vermittlung biblischer Geschichten immer wieder sorgfältig hinterfragen und immer wieder die heilenden, vergebenden und tröstenden Seiten Gottes betonen.

Gedanken zur Therapie

Wie kann man Menschen mit einem gestörten Gottesbild helfen? Kann man ihnen bei den tief eingegrabenen seelischen Wunden und Enttäuschungen überhaupt einen liebenden Gott vermitteln, ohne sie in ihrer Not zu verhöhnen? So wie das Gottesbild in die Gesamtheit des Erlebens eines neurotischen Menschen eingebunden ist, so sollte es auch in der Therapie auf dem Hintergrund der vielfältigen Faktoren gesehen werden, die die Entstehung eines Gottesbildes begünstigen. Dabei darf nicht vergessen werden, daß das Gottesbild in ein und derselben Person je nach Situation und Gefühlslage sehr unterschiedlich sein kann.

In der ersten Phase einer Therapie geht es darum, das *Vertrauen* herzustellen und einen Menschen im Leiden an seiner verzerrten Sicht Gottes ernst zu nehmen. Selbst in der Bibel finden wir Beispiele für die Verzweiflung an Gott, von den wütend-ohnmächtigen Hilferufen in den Psalmen bis hin zur Frage Jesu: »Mein Gott, mein Gott, warum hast du mich verlassen?«

Doch jede Therapie, auch die Seelsorge, baut auf die Bereitschaft des Ratsuchenden zum *Umdenken*. Er braucht Ermutigung, die negativ verarbeiteten Lebenserfahrungen neu unter dem Blickwinkel des Wortes Gottes zu sehen. Der seelsorgerliche Therapeut sollte ihm dabei helfen, diese neue Sicht zu entwickeln. Insbesondere gilt es, die simplistische Gleichung aufzubrechen: »Weil mir Böses geschehen ist, ist Gott böse.« Nicht wenige Patienten verstecken sich hinter Schuldzuweisungen gegenüber Eltern und Sonntagsschullehrern, Priestern und Predigern, die sie »krank gemacht« hätten. Dabei merken sie nicht, daß sie auf einer unreifen Glaubensstufe stehengeblieben sind, ohne eigenverantwortliches Hinterfragen der vermittelten Glaubenssätze. So gilt es, derartige religiöse Projektionen in der Therapie vorsichtig zu hinterfragen und die Probleme in einen größeren Lebenszusammenhang zu stellen.

Seelsorgliche Therapie soll und darf auch einen lehrhaften Anteil haben, in dem aus der Bibel ein neues Gottesverständnis erarbeitet wird. Ziel wäre es, Gott nicht durch die Brille enttäuschender und verletzter Erfahrungen »nach menschlichem Bilde zu schaffen«, sondern sich neu ansprechen zu lassen von der Botschaft Gottes an den Menschen.

Vom Gottesbild zur Gottesbegegnung

Wir haben nun viel vom Gottesbild geredet. Die Beschäftigung mit den innerseelischen Vorgängen bei der Entwicklung des Gottesbild kann leicht dazu führen, auf dem Weg der Psychologisierung und der der Pathologisierung den Eindruck zu unterstreichen, der Glaube an Gott sei primär eine psychische Projektion. Manchmal ist es notwendig, daß unsere Bilder zerbrechen, die sich in all den Jahren verfestigt und verklumpt haben und zum störenden Hindernis für Neues geworden sind. Ein solches Zerbrechen tut weh. Oft bedarf es einer tief erschütternden Krise, um offen zu werden für ein neues Denken.

In meinen Gesprächen mit Patienten erlebe ich immer wieder, daß eine solche Krise der Anfang für neues Wachstum sein kann.

Wachstum, das haben wir schon gesehen, braucht Zeit. Nicht umsonst beschreibt die Bibel immer wieder eindrückliche Bilder aus dem landwirtschaftlichen Alltag Palästinas: die steinigen Felder auf den Hügeln, die knorrigen Baumriesen in den Olivenhainen, die sorgfältig beschnittenen Weinstöcke, umgeben von niedrigen Mauern aus losen Steinen.

Etwas Neues kann nur dort wachsen, wo Altes umgepflügt wird. Frucht entsteht nur dort, wo die Rebe in enger Verbindung mit dem Weinstock bleibt, ja, wo man dem Weingärtner erlaubt, unfruchtbare Triebe wegzuschneiden. So kann gerade die schmerzliche Begegnung mit dem beschneidenden Messer des Winzers zur fruchtbringenden Begegnung mit Gott werden.

Kehren wir am Schluß dieses Kapitels zurück zum eingangs zitierten Text aus dem Römerbrief. Es ist der schwache menschliche Geist, der immer wieder zurückfällt in das Muster des ängstlichen Sklaven, in die Verzweiflung des Depressiven, in die Wankelmütigkeit des Zweiflers, in die Skrupulosität des »Schwachen im Glauben«. Aufgabe von Seelsorgern, christlichen Therapeuten und Verkündigern ist es, die Aufgabe des Heiligen Geistes mitzutragen, nämlich den verzagten menschlichen Geistern immer wieder zu bestätigen, daß sie Gottes Kinder sind. Letztlich müssen wir es dann Gott überlassen, daß aus dem alten Gottesbild eine neue Gottesbegegnung wird. Eines ist sicher: Gott ist eine Realität, die weit über jedes Gottesbild, über jede Projektion hinausgeht. Er offenbart sich den Menschen, die ihn wirklich suchen, in vielfältiger Form. Die Gefühle wechseln, Gott aber bleibt derselbe.

Anmerkungen

1 Jesaja 66,13
2 Eine umfassende Darstellung aus theologischer und psychologischer Sicht findet sich bei Heinrichs 1982

3 vgl. Ps. 25, Ps. 73 u.a., Hiob 42,5
4 Feuerbach 1967, S. 97f., 128.
5 Freud S. (1923) Das Ich und das Es. Studienausgabe, Bd. III, Frankfurt: Fischer, S. 302, 303
6 Mahler et al. (1975/1980)
7 Rizzuto 1979, S. 88
8 Fowler 1991
9 Oser und Gmünder 1988
10 Huffington 1988
11 Dies konnte auch empirisch gezeigt werden, vgl. Birky und Ball 1988
12 Die Diskussionen um das Gottesbild gesunder Menschen zentrieren sich mehr um Fragen des allgemeinen Gotteserlebens und der religiösen Attribute Gottes in den verschiedenen Religionen. Ein Beispiel für diese Diskussionen findet sich bei Schellenbaum 1981.
13 Genannt seien hier Gorsuch 1968, Hark 1984, Preston und Viney 1986 und Dörr 1988, aber auch eigene, bisher nicht veröffentlichte wissenschaftliche Untersuchungen.
14 Der Begriff der kognitiven Dissonanz wurde geprägt von Festinger 1954.
15 vgl. dazu Rogers 1992, »Dissonance and Christian Formation«
16 Ringel 1986
17 Strauch 1984
18 Jeremia 17,9
19 Eigentlich ist in der Psychoanalyse von »Objekten« die Rede; es müssen dies nicht nur Menschen sein. Eine gute Übersicht über Objektbeziehung und Gottesbild findet sich bei Spero 1985 und 1990.

Kapitel 11

Möglichkeiten und Grenzen
der Therapie

Welche Möglichkeiten gibt es, Menschen zu helfen, die an Konflikten zwischen Neurose und Religiosität leiden? Wie läßt sich die übermächtige Gewissensangst beruhigen, die zwanghafte Ausrichtung an überhöhten und verzerrten Glaubensidealen? Wie lassen sich frühkindliche Prägungen heilen, und wie kann man Eltern helfen, ihre Kinder zu einer gesunden Frömmigkeit zu erziehen? Welche Psychotherapie kann Abhilfe schaffen? Muß der Therapeut selbst gläubig sein, oder ist es sogar von Vorteil, wenn er völlig unbelastet von persönlicher Religiosität ist? Mit andern Worten: Sind »religiöse Neurosen« überhaupt ein Betätigungsfeld für Seelsorger, oder tragen diese nur noch zur Verstärkung der Problematik bei?

Es wird nicht möglich sein, eine einfache Anleitung zur Auflösung jeglicher religiös-neurotischen Konfliktsituation zu geben. Etwas ist aber bereits deutlich geworden: Religiös gefärbte Neurosen sind nur eine von vielen möglichen inhaltlichen Prägungen neurotischer Erlebnisweisen. So muß auch die Frage nach Therapie und Seelsorge dieser Störungen in den größeren Zusammenhang der Therapiefähigkeit von Neurosen im allgemeinen gestellt werden.

Voraussetzungen einer Therapie

Welches sind nun die Voraussetzungen für eine Therapie? In der psychotherapeutischen Erfahrung haben sich verschiedene Eigenschaften herauskristallisiert, die eine Therapie besonders erfolgversprechend machen. Diese werden mit dem Akronym YAVIS[1] umschrieben, das die Eigenschaften eines »therapiefähigen« Patienten beschreibt:

Y = jung (engl. young)
A = attraktiv (gute Beziehung zwischen Patient und Therapeut)
V = verbalisierungsfähig (kann seine Probleme in Worte fassen)
I = intelligent
S = erfolgreich in Arbeit und Lebensbewältigung (engl. successful)

Wenn wir nun allgemein von der Therapiefähigkeit reden, so gilt es zu unterscheiden zwischen schweren und leichteren Zustandsbildern. Patienten mit *leichteren neurotischen Störungen* oder mit *akuten Krisen* können durch eine Psychotherapie oder eine therapeutisch orientierte Seelsorge wertvolle Hilfen erfahren. Obwohl sie das Leben äußerlich recht gut bewältigen, leiden sie oft an ihrer Charakterstruktur, die ihnen die Beziehungen zu andern erschwert[2] und ihnen die unbeschwerte Freude am Leben und am Glauben vergällt.

Doch die YAVIS-Bedingungen allein reichen nicht. Es braucht noch weitere Voraussetzungen für eine erfolgreiche Therapie, nämlich:

– Leidensdruck
– Bereitschaft und Fähigkeit zur Veränderung
– Mut und Kraft, Verletzungen hinter sich zu lassen und sich angstauslösenden Situationen zu stellen
– Bereitschaft, falsche Gottesbilder, klischeeförmige Erwartungen an Mitchristen und falsche Forderungen an sich selbst zu hinterfragen und zu verändern

Leidensdruck und Veränderung

Veränderung ist nur möglich, wenn jemand unter seiner Problematik leidet und die Ursachen wirklich angehen möchte. Oft braucht es eine innere Erschütterung, ein Zerbrechen an den überhöhten und verzerrten Idealen, bevor man sich eingesteht, daß man so nicht weiterleben kann und will. Diese Erfahrung wird als *»Leidensdruck«* bezeichnet. Erst wenn dieser ein gewisses Maß erreicht, entsteht daraus auch die zweite Voraussetzung für Therapiefähigkeit, nämlich die *Bereitschaft zur Veränderung*: Es hat keinen Sinn, wenn ein Seelsorger oder ein Therapeut einen Ratsuchenden auf seine »pathologische« Frömmigkeit anspricht und versucht, ihn zu verändern, ohne daß dieser dazu bereit ist. Mehr noch: Die Infragestellung von Glaubenseinstellungen kann gerade das Gegenteil bewirken, nämlich einen Vertrauensverlust mit Therapieabbruch.

Nicht immer läßt es die reale Situation zu, die Vorstellungen der Therapeuten in die Tat umzusetzen. Oftmals versuchen säkulare und auch christliche Therapeuten, ihren Patienten Ideale zu vermitteln, die sie in neue Konflikte stürzen. Ein Beispiel: Eine 30jährige Frau klagt darüber, daß sie Mühe damit habe, beim Besuch der betagten Eltern diese in den Gottesdienst ihrer Brüdergemeinde zu begleiten. Sie hätte jeweils in der Nacht zuvor Magenschmerzen und schlafe schlecht, weil sie wisse, daß sie in der Gemeinde ein Kopftuch anziehen müsse und Menschen treffe, von denen sie als Jugendliche verletzt worden sei. Der Therapeut rät ihr: »Tun Sie nur das, was für Sie auch innerlich stimmt. Wenn Sie sich nicht wohl fühlen, dann sagen Sie Ihren Eltern freundlich, aber bestimmt: Ich möchte nicht mit euch in den Gottesdienst gehen.« Doch dieses Ideal der Selbstbestimmung stürzt die Patientin in neue Loyalitätskonflikte, die sie etwa folgendermaßen beschreibt: »Ich weiß, daß meinen Eltern viel am Gottesdienstbesuch liegt. Eigentlich möchte ich ihnen das doch zuliebe tun. Warum bin ich nicht fähig, mich zu überwinden? Ich bin eine Versagerin!«

Bereitschaft zur Vergebung

Therapiefähigkeit beinhaltet auch den Mut und die Kraft, Verletzungen hinter sich zu lassen. Die meisten Menschen, die in eine Therapie kommen, leiden darunter, daß sie verletzt wurden und

Unrecht erlebten, von andern, durch ihr eigenes Versagen, durch das Schicksal oder sogar durch Gott. Es reicht nicht, sich diese Verletzungen, die Wut und den Schmerz bewußt zu machen. Im Grunde genommen geht es hier auch um die Bereitschaft zur Vergebung. Das Thema wird selten aufgegriffen in der therapeutischen Literatur.[3] Nur ganz wenige Psychologen haben es unternommen, in einer Fachzeitschrift über ihre Erfahrungen einer therapeutischen Anwendung der Vergebung zu berichten.[4] Und doch ist Vergebung manchmal der einzige Weg zum Neuanfang.

Dabei geht es nicht nur um eine geistliche Übung, sondern um das reife Eingeständnis, daß man selbst Verantwortung für sein Leben übernimmt; daß man nicht andern die Schuld für die eigenen Probleme zuschiebt und alte Verletzungen bewußt losläßt. Vergebung bedeutet nicht unbedingt vergessen.[5] Vergebung heißt vielmehr: Ich will die Schuld nicht mehr zurechnen. Ich will mein Leben mit Gottes Hilfe im Hier und Jetzt führen und nicht bloß meine Vergangenheit für meine gegenwärtigen Schwierigkeiten verantwortlich machen.

Oft fehlt es neurotischen Menschen allerdings an der Kraft und an der Fähigkeit, sich in diesem Sinne zu verändern. In ihren sensiblen Seelen haben sich die Erinnerungen derart tief eingeprägt, daß man menschlich kaum einen Weg sieht, wie sie sie tilgen sollen. Dies bezieht sich nicht nur auf religiöse Aspekte, sondern auf das Leben im allgemeinen. Ich denke dabei an eine 40jährige Patientin, die an einer schweren neurotischen Depression mit ausgeprägter Magersucht litt. Sie konnte sich an Szenen in ihrem Büro-Alltag erinnern, die 15 Jahre zurücklagen. »Ich sehe meinen Chef noch heute vor mir, als ob es gestern gewesen wäre, wie er mir eine Akte um die andere auf den Tisch legte. Er merkte gar nicht, wie sehr er mich überforderte und verletzte. Jetzt kann ich einfach nicht mehr!«

Doch es braucht nicht nur eine allgemeine Bereitschaft zur Veränderung, sondern auch speziell im Bereich des Glaubens eine Offenheit, falsche Gottesbilder, klischeeförmige Erwartungen an Mitchristen und falsche christliche Forderungen an sich selbst zu hinterfragen und zu verändern.

Eines ist aus diesen therapeutischen Überlegungen deutlich geworden: Menschen mit religiös-neurotischen Problemen brauchen die sachkundige Begleitung durch Therapeuten bzw. durch Seelsorger, die über persönliche Erfahrungen mit Glauben im heilenden und befreienden Sinne verfügen. Dieser Zusammenhang wurde treffend von Prof. Klosinsky[6] in Worte gefaßt, der sich mit der Behandlung von Patienten und Familien aus einem religiösen Hintergrund beschäftigte. Er schrieb: »Es wird darauf ankommen, daß der betreffende Therapeut der religiösen Dimension auch in seinem eigenen Leben eine wichtige Funktion beimißt, ohne in dogmatischem Denken zu erstarren und vorschnell über religiös Andersdenkende negativ zu urteilen.«

Die Grenzen der Therapie

»Zwei Jahre lang bin ich regelmäßig in Therapie gegangen. Ich habe versucht, meine Kindheit aufzuarbeiten, meine Träume zu deuten und meine Komplexe zu verstehen. Jetzt habe ich aufgehört. Die Therapie hat mir zwar geholfen, mich selbst besser zu verstehen, aber ich habe meine Ängste immer noch.« Aussagen dieser Art kann man immer wieder von neurotischen Patienten hören.[7] Sie reflektieren die durch empirische Forschung belegte Erfahrung, daß nur zwei Prozent derjenigen Patienten, die an einer ausgeprägten neurotischen Störung leiden, regelmäßig in einer Psychotherapie bleiben.[8] Es liegt in der Natur neurotischer Störungen, daß sie einer klassischen Psychotherapie nur begrenzt zugänglich sind, ja daß eine rein psychologische Therapie von vielen als wenig hilfreich erlebt wird. Die besten therapeutischen Ergebnisse sind bei vorübergehenden Belastungsreaktionen und Krisen bei einer ansonsten stabilen Grundpersönlichkeit zu erwarten.

Das mag sehr resigniert tönen. Und doch ist es allen psychotherapeutischen Schulen gemeinsam, daß es ihnen leichter fällt, die Probleme zu beschreiben, als Lösungen zu offerieren oder gar Heilung zu vermitteln. Durch populärwissenschaftliche Bücher, die die Alltagsnöte gesunder Menschen beschreiben, wird suggeriert, seelische Gesundheit sei machbar, wenn man sich nur lange genug therapieren lasse. Es wird die Illusion vermittelt, jeder Mensch könne sich vollumfänglich entfalten, konfliktfrei in Begegnungen einlassen und ein erfülltes Leben ohne Schwierigkeiten und Schmerzen führen, wenn er nur wolle.[9] Gerade *schwer neurotische Menschen* erfüllen diese Voraussetzungen nicht. Sie fühlen sich in einer Psychotherapie oft nicht ernstgenommen und brechen sie deshalb ab. Viel eher suchen sie ihren Hausarzt auf, der sie auch in ihren körperlichen Beschwerden ernst nimmt und versucht, diese zu lindern. Häufig werden auch Internisten und Frauenärzte konsultiert, um mögliche hormonelle Störungen abzuklären und zu therapieren. Die seelische Not, die Einsamkeit und Resignation kommt dann oft nur am Rand zur Sprache. So sind denn oft die Angehörigen und nicht zuletzt auch Seelsorger und engagierte Christen diejenigen, die hier Hilfe anzubieten versuchen.

Hilfen für Menschen mit religiös gefärbten neurotischen Konflikten

Wenn wir nun versuchen, ein Programm zur Hilfe für Menschen zu entwerfen, die an seelischen Konflikten im Spannungsfeld von Glaube und Lebensproblemen leiden, so müssen wir ein Angebot auf drei Ebenen anbieten:
1. persönliche Beziehung und Beratung
2. Erziehungsberatung
3. Beratung der Verkündiger
Ich möchte mich in diesem Buch auf die seelsorglich-therapeutische Begleitung beschränken, zumal an anderer Stelle bereits umfangreiche Hinweise für eine ausgewogene und hilfreiche christliche Erziehung gegeben wurden.[10] Wie also kann man Menschen hilfreich begegnen, die darüber klagen, daß sie unter einer Erziehung oder Verkündigung gelitten haben, die ihren Bedürfnissen nicht gerecht wurde und sie in Konflikte zwischen Glauben und Alltagsleben gestürzt habe? Tabelle 11-1 gibt einen kurzen Überblick.

*Tabelle 11-1: Acht Hinweise zum Umgang mit Menschen,
die an religiös-neurotischen Konflikten leiden*

1. Annahme und Einfühlung
2. Den Lebensstil als Ganzes sehen
3. Bewußtmachen von Zusammenhängen und Entkoppeln von Projektionen
4. Unterstützende Therapie: Konkrete Hilfe für den Alltag geben
5. Eigenverantwortlichkeit vor Gott und Menschen betonen
6. Ermutigen zum Leben mit Grenzen
7. Biblische Lehre zur Entzerrung von unflexiblen oder einseitigen Glaubenssätzen anbieten
8. Selbstprüfung des Seelsorgers bzw. Therapeuten

Annahme und Einfühlung

Die wichtigste Voraussetzung für jedes helfende Gespräch ist eine Grundhaltung der Annahme und der Einfühlung. Als Jesus den Menschen begegnete, die unter dem Joch einer pharisäischen Gesetzlichkeit standen, da »jammerten sie ihn«. Er nahm die Menschen ernst in ihrem Leiden, selbst dort, wo sie gefangen waren in dem Zwiespalt zwischen einem offensichtlich falschen Verhalten und den gnadenlosen religiösen Konsequenzen einer alttestamentlichen Gesetzlichkeit. So stellte er sich zwischen die Ehebrecherin und die Pharisäer, die sie zur Steinigung schleppen wollten. Diese Haltung der Barmherzigkeit und der bedingungslosen Annahme in der ersten Begegnung bedeutet nicht, daß man in späteren Schritten nicht auch eine Analyse der Lebensmuster macht und Änderungen vorschlägt. Aber sie bietet die Grundlage jeder erfolgreichen Beziehung: nämlich das Vertrauen: Ich werde angenommen, so wie ich bin: mit meinen Erfahrungen, mit meinen Verletzungen, mit meinen Ängsten, mit meinen Hemmungen, mit meinen unerfüllten Wünschen.
Bedingungslose Annahme bedeutet in diesem Zusammenhang

auch, daß man nicht gleich in religiösen Kategorien denkt. Hinter dem vordergründigen Problem verbirgt sich oft ein tragisches Einzelschicksal, das weit über »verzerrte«, »falsche« oder »verbogene« Religiosität hinausgeht.

Den Lebensstil als Ganzes sehen

Gerade weil Lebensprobleme gewöhnlich über die bloßen religiösen Aspekte hinausgehen, sollte der Berater nicht an den religiösen Fragestellungen stehenbleiben, auch wenn sie vielleicht vom Ratsuchenden betont werden. Das vordergründig präsentierte Problem der »mangelnden Heilsgewißheit« kann eine allgemeine Verunsicherung bedeuten, vielleicht eine zum Grübeln und Zweifeln neigende Persönlichkeits-Struktur, die sich auch in anderen Lebensbereichen auswirkt. Der Therapeut sollte also in einem ersten Gespräch versuchen, sich ein Bild des ganzen Menschen in seiner Entwicklung, in seinen Beziehungs- und Denkmustern, seiner Leistungsfähigkeit (Haushalt, Arbeit, Schule) und seiner emotionalen Empfindens- und Ausdrucksfähigkeit zu machen.

Mit der Zeit lernt man dann die Person und ihre Lebensumstände besser kennen, so daß man damit beginnen kann, Zusammenhänge bewußt zu machen. Im Gespräch erarbeitet der Therapeut oder der Seelsorger Werthaltungen, Ursachenzuschreibungen oder Beziehungsängste. Im Bereich des religiös-neurotischen Spannungsfeldes gilt es dann abzuklären, inwieweit Glaubensfragen im Vordergrund stehen oder aber nur als Begleiterscheinung auftreten. Ich plädiere also für eine Entkoppelung von Lebensproblemen, Persönlichkeits-Struktur und »ekklesiogenen« Erklärungen bzw. Projektionen.[11] Oft zeigt sich, daß (in Abwandlung eines Freud-Zitates[12]) hinter »ekklesiogenem Elend« ein ganz gewöhnliches Lebensunglück steht.

Ein Beispiel: Eine 35jährige Frau sucht wegen chronischer Erschöpfung, Niedergeschlagenheit und Überforderung mit ihren drei Kindern eine seelsorgliche Therapeutin auf. Sie kommt aus einer engen religiösen Familie, und der Schilderung nach neigten beide Eltern zur Schwermut. Der Vater erwartete ständig den Weltuntergang und versagte sich und seinen Kindern viele Lebensfreuden. Mehr noch: In ihrer Kirche wurde gelehrt, daß man durch ein besonderes »Heiligungs-Erlebnis« frei werden könnte von jedem sündigen und fleischlichen Impuls. Das kleine Mädchen ging mit in die Versammlungen und sehnte sich danach, einmal keine Gedanken des Widerspruchs mehr gegen die Eltern haben zu müssen. Doch immer wieder »versagte sie«. Durch Bravsein und Helfen versuchte sie, ihr Versagen gutzumachen, im ständigen Bemühen, die Eltern und letztlich Gott gnädig zu stimmen (obwohl sich die Eltern ihr gegenüber nie übermäßig ablehnend verhielten).

Später, in der Jugendgruppe, hatte sie längst andere Christen kennengelernt, die mit ihrem Glauben Freude und Freiheit ausstrahlten. Rein verstandesmäßig wußte sie, daß ihr Heil nicht durch Gutestun erkauft werden konnte. Doch sie blieb weiterhin eine sehr überbesorgte sensible Frau. Wenn eines ihrer Kinder weint, läßt sie alles liegen, um es zu beruhigen. Nicht einmal aufs WC geht sie dann. Immer wieder fragte sie fast verzweifelt: »Warum reagiere ich so? Warum reibe ich mich in meinem Helfertrip auf?« Es wäre einfach gewesen, die Überbesorgtheit auf ihre religiöse Erziehung zurückzuführen. Doch hinter ihrem überbesorgten helfenden Verhalten steht eine Grundangst vieler Mütter, wie wir sie auch bei nicht-religiösen Patienten beobachten: Die (zwanghafte) Angst[13], eines ihrer Kinder könnte Schaden erleiden. Würde etwas passieren, so würde sie sich ein Leben lang Vorwürfe machen. In der Beratung konnte sie allmählich lernen zu sagen: »Ich bin überängstlich und sensibel, und ich muß lernen, mehr für mich selbst zu schauen. Ich darf Gott vertrauen, daß er die Kinder bewahrt, auch wenn ich kurz mal auf die Toilette gehe.« Sie lernte zu unterscheiden zwischen falschen Idealen, die sie in der Kindheit gelernt hatte, und ihrem persönlichen Stil, sich Verantwortung aufzuladen, die sie letztlich gar nicht tragen konnte. Die Entkoppelung dieses Lebensstils von dem unbewußten Gedanken, Gott verlange dies von ihr, half ihr z.T., die Überängstlichkeit abzubauen und ein ausgewogeneres Glaubensleben zu entwickeln. Dennoch blieb sie auch weiterhin eine Person, die übermäßig an Sorgen, Ängsten und Zwängen litt.

Konkrete Hilfen für den Alltag geben

Oftmals werden ganz konkrete Fragen an den Seelsorger und Therapeuten herangetragen, die das Spannungsfeld zwischen Glaube und »Neurose« bestimmen. »Ist es wirklich meine Christenpflicht, meine betagten Schwiegereltern jedes Wochenende zu uns einzuladen? Ich kann manchmal fast nicht mehr neben den vier lebhaften Kindern. Aber mein Mann möchte das so.« – »Darf ein Christ sich selbst befriedigen, oder ist das Sünde? Ich leide so darunter, daß ich immer wieder falle. Dabei sollte ich doch als Jugendleiter ein Vorbild sein.« – »Ich kann aus gesundheitlichen Gründen meine Haare nicht mehr lang tragen, aber in meiner Gemeinde werde ich abgelehnt, wenn ich sie abschneide! Wem muß ich mehr gehorchen? Ich möchte ja auch meine Freunde nicht verlieren!« »Unser Sohn leidet an AIDS. Wir sind schlechte Eltern und schlechte Christen – wir haben völlig versagt. Und in unserer Kirche ist das eine furchtbare Schande. Wir haben alle Kirchenämter zurückgegeben.«

Hier wird der Seelsorger und der Therapeut hineingeworfen in die vielfältigen Lebensschicksale leidender Menschen. Ich bin zurückhaltend, die oben genannten Konflikte gleich als »Neurosen« zu bezeichnen. Viel eher würde ich von psychischen Reaktionen auf Lebensprobleme sprechen. Gerade diese praktischen Probleme erfordern vom Therapeuten und vom Seelsorger viel Einfühlungsvermögen in die Situation des einzelnen und in sein gesellschaftliches (subkulturelles) Umfeld. Er kann und darf nicht zum billigen Briefkasten-Onkel werden, der sagt, was »man darf« und was »man nicht darf«. In diesen Situationen gilt es, den Menschen ganz praktisch zur Seite zu stehen und ihnen zu helfen, selbst Antworten zu entwickeln, die sie von ihrer persönlichen Situation und von ihrem Glauben her tragen können.

In manchen Fällen ist es hilfreich, wenn der Therapeut einen Seelsorger derjenigen Gemeinde hinzuzieht, der eine Person angehört. Oftmals haben Menschen eine unberechtigte Angst davor, in ihrer Gemeinde nicht verstanden zu werden, obwohl das Gegenteil zutrifft. So erfuhren die Eltern des AIDS-kranken Sohnes nach dem Beizug eines Predigers ihrer Gemeinschaft eine völlig andere Reaktion, als sie erwartet hatten: Als sie ihre Nöte zugaben, wurden sie von ihren Freunden mit einer derartigen Liebe gestützt und begleitet, daß sie später diese Zeit als eine der wertvollsten Erfahrungen in ihrem Leben bezeichneten.[14]

Praktische Unterstützung stellt also nicht den Glauben als solchen in Frage, sondern hilft den Ratsuchenden, ihren Weg zu finden

– in Familien-Beziehungen (Grenzen der Nächstenliebe, Loyalität)
– bei Leistungsansprüchen (verinnerlichte oder von außen kommende Ansprüche)
– in der Sexual-Ethik (zwischen Freiheit und Leistungsdruck)
– im Umgang mit problematischen religiösen Einschränkungen.

Dabei besteht die Gefahr, daß der Therapeut vom Ratsuchenden in die Rolle des Schiedsrichters, des Hilfs-Ichs gedrängt wird. Nicht der Ratsuchende, sondern der Therapeut soll Entscheidungen für ihn fällen. Dahinter steht oft ein »neurotisches« Absicherungsbedürfnis. »Wenn mein Arzt, Dr. A., es so sieht, kann es nicht falsch sein!« »Wenn es meine Seelsorgerin, Frau S., so sieht, dann ist es biblisch und richtig.« Der oder die Ratsuchende muß daher ermutigt werden, Eigenverantwortlichkeit vor Gott und Menschen zu übernehmen.

Therapeutisches Ziel: Reife

Persönliche und geistliche Reife bedeutet, mit einem Maß von Ungewißheit zu leben. Selbst ein Theologe wie Paulus, der mit Jesus in enger persönlicher Beziehung stand, gab einmal zu: »Unser Wissen ist Stückwerk, und unser prophetisches Reden ist Stückwerk.«[15] Reife bedeutet demnach auch, Spannungen zwischen Ideal und Realität, zwischen Wunsch und Wirklichkeit auszuhalten. Es ist die Verantwortung jedes einzelnen, Entscheidungen in den Spannungsfeldern seines Lebens zu treffen.

Nicht immer kann Nächstenliebe und persönliches Wohlergehen in völligem Einklang stehen. Jeder geht das Risiko ein, von andern mißverstanden zu werden. Das kann Konflikte mit dem Glauben bringen. Gar nicht so selten müssen Menschen auch von nicht-religiösen Bekannten hören: »Und das will ein Christ sein!« Hier gilt es den Ratsuchenden zu ermutigen, zu seinen Grenzen zu stehen, auch wenn andere versuchen, ihn bei seiner »religiösen Schwachstelle« zu treffen. Im Zusammenleben ist oft eine »Kompromißbildung« zwischen Beziehung und Bedürfnisbefriedigung nötig. Reife bedeutet, daß man sich im Zusammenleben anpassen kann, in dem subtilen Gleichgewicht von Durchsetzung und Nachgeben. Und der reife Mensch wird nicht nur seinen unerfüllten Wünschen nachtrauern, sondern Erfüllung in anderen Bereichen seines Lebens suchen. Reife ist nicht *Selbstverwirklichung*, sondern Leben in der Realität dieser Welt im Wissen um Gottes Durchtragen und Begleiten.

Dies führt uns zu einem weiteren wichtigen Punkt: Seelsorger und Therapeut müssen auch um die Grenzen wissen, die gerade schwer »neurotischen« Menschen gesetzt sind. Sie können sich nicht immer so entfalten und verändern, wie man dies wünschen würde.

Leben mit Grenzen

Die Erfahrung lehrt uns, daß es leichtere und schwerere neurotische Störungen gibt. Menschen mit leichteren Störungen können das Leben besser bewältigen, sich besser ausdrücken und sind offener für Einsicht und Veränderung. Bei ihnen kann auch der religiöse Anteil an der Entstehung von Lebenseinstellungen besser herausgearbeitet und therapeutisch angegangen werden. Sie sind eher in der Lage, alte Muster abzulegen und bewußt neue, funktionale Grundhaltungen aus biblischer Sicht zu entwickeln.

Ganz anders schwer neurotische Menschen, die seit Jahren an ausgeprägten Ängsten, Zwängen und Depressionen leiden und dadurch zunehmend in ihrer Fähigkeit eingeschränkt werden zu arbeiten, Beziehungen aufrechtzuerhalten und das Leben zu genießen. Auch wenn sie deutlich glaubensgeprägte neurotische Denkweisen zeigen, so muß die Störung doch in einem größeren Zusammenhang einer ausgeprägten neurotischen Gesundheitsstörung gesehen werden. Ihre Lebenskraft ist wie ein Wildbach, gefangen in den Schrunden, die er sich über Jahrhunderte ins Felsgestein der Alpen gegraben hat. Menschlich sieht man oft kaum einen Weg, wie das Wasser ein neues Bett finden soll.

Manchen Menschen gelingt es, in einer Krise all das Verkrustete herauszuschreien, die düsteren Felsen wegzusprengen und in neuer Form ein ausgeglicheneres und erfüllteres Leben anzufangen, gleich einem wild schäumenden Bergbach, der seinen Weg in die grünen Matten eines Tales findet. Andere finden ein Ja zu ihren Grenzen und erleben dadurch eine spürbare Erleichterung. Wesentliche Aufgabe der Betreuer ist es, diese Grenzen der Veränderbarkeit anzunehmen, ohne einen Menschen völlig fallenzulassen. Vielmehr sind Seelsorger und Therapeuten dazu aufgefordert, neue Strategien zu entwickeln, die dahin gehen, »die Schwachen«, auch die »Schwachen im Glauben«, mit Barmherzigkeit anzunehmen und sie mit ihren Grenzen zu tragen.

Anmerkungen

1 nach Schofield 1964
2 Über die Schwierigkeiten einer therapeutischen Seelsorge bei Persönlichkeitsstörungen hat Nydam 1991 berichtet.
3 vgl. den hervorragenden Übersichtsartikel von Pingleton 1989.
4 Worthington und DiBlasio 1990, Hope 1987, Benson 1992
5 Smedes 1984

6 Klosinsky 1990
7 vgl. beispielsweise Hemminger und Becker 1985
8 vgl. Kapitel 4
9 vgl. Zilbergeld 1983
10 vgl. Dieterich 1991, Strauch 1984, Ringel und Kirchmayr 1986, A. Pfeifer 1990
11 vgl. dazu auch Spero 1976, S.365: »The general goal is to separate the intrapsychic conflict from its religious defense system.«
12 Sigmund Freud schrieb einmal an eine Patientin: »Ich zweifle ja nicht, daß es dem Schicksale leichter fallen müßte als mir, Ihr Leiden zu beheben; aber Sie werden sich überzeugen, daß viel damit gewonnen ist, wenn es uns gelingt, Ihr hysterisches Elend in gemeines Unglück zu verwandeln. Gegen letzteres werden Sie sich mit einem wiedergenesenen Seelenleben besser zur Wehr setzen können.« (Freud 1895)
13 Der ängstliche Zwangsgedanke, es könnte einem Menschen Schaden zugefügt werden, wenn man nicht etwas dagegen macht, ist recht häufig anzutreffen, auch bei nicht religiösen Menschen. Aus diesem Grund werden Zwangsstörungen heute zu den Angst-Syndromen gerechnet. Die Patienten wissen zwar, daß ihre Ängste unsinnig sind, aber sie können nicht dagegen angehen. Die Ängste werden unter erschwerten Umständen oft noch verstärkt.
14 Powell et al. (1991), S. 352
15 1. Korinther 13,9

Kapitel 12

Konsequenzen für Verkündigung und Seelsorge

»Du Menschenkind, weissage gegen die Hirten Israels, weissage und sprich zu ihnen: So spricht Gott der Herr: Wehe den Hirten Israels, die sich selbst weiden! Sollen die Hirten nicht die Herde weiden? – Das Schwache stärkt ihr nicht, und das Kranke heilt ihr nicht, das Verwundete bindet ihr nicht, das Verirrte holt ihr nicht zurück, und das Verlorene sucht ihr nicht; das Starke aber tretet ihr mit Gewalt.

Ich selbst will meine Schafe weiden, und ich will sie lagern lassen, spricht Gott der Herr. Ich will das Verlorene wieder suchen und das Verirrte zurückbringen und das Verwundete verbinden und das Schwache stärken und, was fett und stark ist, behüten; ich will sie weiden, wie es recht ist.«

Hesekiel 34, 24,15-16

W as können die Hirten des 20. Jahrhunderts dazu beitragen, daß die Schafe geweidet werden und sich lagern können? Was braucht es, um Krankes zu heilen und Verwundetes zu verbinden? Das sind die Fragen, denen wir uns in diesem letzten Kapitel zuwenden wollen.

Pfarrer und Prediger, Jugendleiter und Sonntagsschullehrer haben eine besondere Verantwortung. Ihre Vermittlung des Evangeliums kann wesentlichen Einfluß nehmen auf die Entstehung oder Vorbeugung von Spannungen zwischen Glaube und Neurose. Wenn das Wort Gottes nur in dogmatischer Weise gepredigt wird, ohne die existentiellen Nöte der Zuhörer zu berücksichtigen, dann kann die vermeintliche Frohbotschaft zur bedrohenden

Angstmache werden. Wenn nur geistliche Richtlinien vermittelt werden, dann verkommt die Predigt zur blutleeren Ansammlung von Worthülsen, die keine praktische Bedeutung mehr haben. Wenn Christsein nur noch in Aktivismus und Pflichterfüllung besteht, ohne Oasen der Ruhe und der Besinnung anzubieten, dann kommt es über kurz oder lang zur Überforderung. Wenn die Autorität und die Bibelauslegung eines einzelnen Predigers oder Gruppenleiters zum absoluten Maßstab wird, dann besteht die Gefahr der Abhängigkeit und der Manipulation.

Dort, wo Kirchen und ihre Oberhirten Gesetze aufgestellt haben, die dem biblischen Evangelium nicht entsprechen, dort muß ein Umdenken einsetzen, ein Trauern über den Versäumnissen einer volks- und evangeliumsfernen Verkündigung. So haben Ringel und Kirchmayr[1] Konsequenzen für die Erneuerung des kirchlichen Lebens gefordert, die auch für den evangelischen Leser wertvolle Denkanstöße geben können. Die Kirche und ihre Vertreter müßten echte Trauerarbeit leisten und dürften sich nicht hinter Kritik-Abwehr und Verdrängung der Schattenseiten verstecken. Die beiden Autoren plädieren für eine »betroffene Anteilnahme am vielfältigen Elend des Volkes«, ohne die es keine Bekehrung der Kirche gäbe. Religionsvermittlung dürfe nicht mehr nur vernunftbetont sein, sondern müsse den Menschen auch in seiner Gefühlswelt ansprechen. Es gehe um die Förderung einer personalen Gewissensbildung, die dazu anrege, von der »Freiheit eines Christenmenschen« Gebrauch zu machen.

Belastende Verkündigung

Oftmals wurden Spannungsfelder erzeugt, indem Lehren verkündigt wurden, die nur einen Teil der biblischen Wahrheit wiedergeben. Die Sehnsucht nach Vollkommenheit kann die Botschaft von der Gnade völlig in den Hintergrund drängen. Der Wunsch nach Gottes Führung kann völlig vergessen lassen, daß man eigene Entscheide zu treffen hat. Die Betonung des Gehorsams unterdrückt oft die persönliche Freiheit in Christus, und die gefühlsbetonte

Inanspruchnahme göttlicher Kraft und göttlichen Sieges läßt vergessen, daß wir noch immer im diesseitigen »Jammertal« leben.

In ihrem Buch »Toxic Faith« beschreiben die Autoren Arterburn und Felton[2] folgende Formen des Denkens und Empfindens, die Ausdruck eines verzerrten Glaubenslebens sind:

– Denken in Extremen
»Ich darf mir keine Blöße geben. Entweder bin ich vollkommen geheiligt oder aber ein völliger Versager!«

– Falsche Schlußfolgerungen
»Wenn ich gesündigt habe, bin ich verloren!« – »Gott sorgt nicht mehr für mich, weil er mein Gebet für eine neue Arbeitsstelle nicht erhört hat!«

– Falsches Filtern des Gehörten und Gelesenen
»Wo ich auch in der Bibel lese, finde ich nur Anklagen gegen mich.« – »Diese Predigt hat mich nur noch trauriger gemacht. Ich konnte nichts Positives mitnehmen!«

– Entwertung des Positiven
»Wenn die Leute mir Komplimente machen, sind sie doch nur aus Mitleid nett zu mir. Und überhaupt, wenn ich etwas kann, dann ist es Gott, der es gewirkt hat!«

– Verdrängen des Negativen
»Ich weiß, daß meine Beziehung zu diesem Mann eigentlich Ehebruch ist. Aber der Herr kennt meine emotionalen Bedürfnisse und kann mich ja gebrauchen, ihn für den Glauben zu gewinnen!«

– Gefühle als Grundlage des Glaubens
»Ich bin doch eine Enttäuschung für alle – für meine Eltern, meinen Ehemann und meine Kinder. So kann Gott mich nicht annehmen!«

– Tyrannei der Sollte-Sätze
»Ich sollte eigentlich mehr Besuche im Altersheim unserer Kirche machen!« – »Ich sollte mehr Geld für die Mission oder ein Hilfswerk spenden!« – »Ich sollte intensiver in der Fürbitte verharren!« – »Die andern sollten netter mit mir sein!« »Der Pfarrer sollte sich mehr um mich kümmern!«

– Leben mit Hyper-Verantwortlichkeit
»Wenn etwas in unserer Gemeinde nicht gut läuft, bin ich dafür verantwortlich und muß es verbessern!« – »Wenn unsere 26jährige Tochter Probleme hat, bin ich daran schuld!« – »Wenn mein Mann fremdgeht, dann habe ich etwas falsch gemacht!«

Seelsorger und Verkündiger sollten hellhörig für diese Sätze werden und immer wieder im Einzelgespräch und in der Predigt auf biblische Ausgewogenheit im Leben ihrer Zuhörer hinwirken. Ausgewogenheit, dieses Wort macht gerade den eifrigen und aktiven Christen Angst. Sie wollen doch echte Hingabe, brennenden Eifer, Zeichen und Wunder, eine Krafterweisung Gottes in unserer so gleichgültigen Zeit. Um so mehr braucht es geistliches Urteilsvermögen und die Bereitschaft, sich den Bedürfnissen der »Schafe« anzupassen. Ein *ausgewogenes Evangelium* bedeutet:
– kein mittelmäßiges Evangelium, aber ein Evangelium der Mitte in Jesus Christus;
– kein kraftloses Evangelium, aber ein Wort auch für die Kraftlosen;
– keine billige Situationsethik, aber ein Wort Gottes in die Situation des einzelnen hinein;
– keine egoistische Selbstbezogenheit, aber eine gesunde Rückbesinnung auf den Wert, den Gott jedem Menschen gegeben hat.
Aus der Vielzahl der Themen, an denen sensible Menschen beim Glauben leiden, möchte ich vier Bereiche näher betrachten und versuchen, Hinweise für eine biblische Ausgewogenheit zu geben.

Leben aus Gnade

Der depressive, ängstliche und zwanghafte Mensch neigt dazu, sich selbst Gesetze zu machen. Je größer die innere Unsicherheit, desto stärker verspürt er das Bedürfnis, sich an klaren Regeln und Formen festzuhalten. In seinem Hang zur Selbstabwertung steht er in der Gefahr, sich ständig überhöhte Ideale vor Augen zu stellen und in eine regelrechte »Sollte-Tyrannei« zu verfallen. Der gläubige Mensch leitet viele seiner Regeln und Gesetze von der Bibel oder von geistlichen Autoritätspersonen ab. Oft macht er sich in seiner neurotischen Persönlichkeitsstruktur selbst Gesetze, die er aber mit verzerrten oder aus dem Zusammenhang gerissenen Bibelversen begründet. Beispiele:

- »Wenn ich nicht täglich mindestens eine Stunde Stille Zeit mache, dann kann der Tag nicht gelingen!«
- »Ich muß festhalten am Lobpreis und an den Verheißungen, sonst kommt mein Krebs wieder. Ich darf nicht auf Schmerzen achten oder darauf, daß wieder ein Knoten wächst. Nur so kann ich geheilt werden!«
- »Um meinen Schülern ein Vorbild als Christ zu sein, muß ich ihnen den bestmöglichen Unterricht geben und mir ausreichend Zeit für sie nehmen, auch wenn ich selbst dabei zu kurz komme.«
- »Ich muß völlig rein von sexuellen Regungen und Gedanken sein, wenn ich am Tisch des Herrn teilnehmen will!«

Alle diese Gesetze erscheinen auf den ersten Blick achtenswert, ja mehr als das, sie erscheinen sogar biblisch begründbar. Zur niederdrückenden Bürde werden sie erst dort, wo ein Mensch nicht mehr die Kraft hat, diese Gesetze einzuhalten:

- Wo die Kinder ins Gebet einer Mutter hineinplatzen und die Stille Zeit keine Stunde dauern kann.
- Wo die Besorgnis über die erneut wachsenden Knoten in der Brust so groß wird, daß die »geheilte« Frau eben doch zum Arzt geht.
- Wo der Lehrer in der katholischen Internatsschule merkt, daß er eben doch nicht allen Schülern gerecht werden kann.

– Wo es in der Nacht zu einem »nassen Traum« kommt oder ein Plakat die Sinne trotz aller geistlichen Vorkehrungen aufreizt.

Diese Menschen müssen lernen, daß Gottes Gnade größer ist als ihr kleinmütiges Herz, das sie verdammt, weil sie sich außerstande sehen, die Gesetze einzuhalten. Das Anliegen mancher Verkündiger, keine »billige Gnade« zu verkaufen, darf das Evangelium von der Gnade Gottes nicht klein machen. In Verkündigung und Einzelseelsorge gilt es, *die Gnade in den richtigen Kontext der Herzenshaltung* zu stellen. Wir dürfen das Gericht getrost Gott überlassen, denn er allein weiß, was in den Herzen der Menschen ist.

Gnade, das ist liebende Vergebung und unverdiente Annahme, so wie sie der verlorene Sohn erfuhr. Gnade ist aber auch Vergebung und unverdiente Annahme, wie sie derjenige in Anspruch nehmen darf, der »7 mal 70 mal« sündigt. Gnade läßt sich erst dann verstehen, wenn wir Gott besser kennen und wenn wir Gnade auch in unserem Leben erfahren haben.

Gott ist von seinem Wesen her ein Gott der Gnade[3], ein Gott, von dem der Psalmist sagt: »Sein Zorn währet einen Augenblick und lebenslang seine Gnade.«[4] Durch den stellvertretenden Tod Jesu am Kreuz dürfen wir noch einen Schritt weitergehen: Wir stehen nicht wegen unserer guten Werke gut vor Gott da, sondern der gläubige Mensch ist »gerechtfertigt durch Gnade«.[5] Diese Gnade kann man sich letztlich nicht verdienen. Selbst der Glaube ist ein Gnadengeschenk.[6] Wie leicht kann ein emotional stabiler, in der Bibel gegründeter Mensch diese Wahrheiten mit dem Kopf annehmen! In der Theorie ist alles klar. Doch es liegt gerade im selbstunsicheren und zweifelnden Wesen vieler »neurotischer« Menschen, daß die Wahrheit nicht den Weg vom Kopf ins Herz findet. Und manchen von ihnen kann auch die Erinnerung an »gnadenlose« Kindheitserfahrungen, an Strafe ohne Möglichkeit zur Wiedergutmachung im Weg stehen. Oder die Erfahrung, von einem Liebhaber »gnadenlos« verlassen worden zu sein, weil er eine andere hatte, die ihm besser gefiel. Diese Verletzungen, die Erfahrungen von Unbarmherzigkeit gilt es ernst zu nehmen. Ihnen muß der Seelsorger und der christliche Therapeut mit Geduld

begegnen und ihnen Kraft, Trost und Hoffnung »durch die Gnade«[7] zusprechen. Ein sehr hilfreiches Buch hat der amerikanische
Seelsorger David Seamands unter dem Titel »Heilende Gnade«
verfaßt[8].

Eigenverantwortung in Verantwortung vor Gott

Leben nach dem Willen Gottes – dieses Ziel ist jedem Christen
von der Bibel her vorgegeben. Doch wie erfahre ich den Willen
Gottes? Das ist eine Frage, die viele junge Christen umtreibt. Viele
gläubige Menschen streben danach, die Beziehung zu Gott spürbar und direkt zu erleben: sein Führen durch den Heiligen Geist;
sein Reden im Lesen des Wortes Gottes; seine Eingebung durch
Weissagungen im Gottesdienst. Die alten Quäker warteten oft in
gespannter Stille, bis sie innerlich ergriffen wurden von dem Reden Gottes. Diese meditativen, emotional erfahrbaren Formen des
Hörens auf Gott sind ein wesentliches Element in der Frömmigkeit hingegebener Christen. Dabei wird das Reden Gottes stark
verbunden mit inneren Gefühlen. Doch gerade beim schwermüti-
gen und zweifelnden Menschen ist das Gefühlsleben gestört, so
daß es sein kann, daß er nicht die ersehnte Bestätigung seines
Glaubens erhält, obwohl er oder sie mit Ernst und Hingabe versucht, die Voraussetzungen für die Führung Gottes zu erfüllen.

Die Frage nach dem Willen Gottes kann deshalb dysfunktio-
nal erstarren, wo sie Gefühlsregungen und mögliche »Zeichen«
verwechselt mit verantwortungsvollem Planen, Abwägen und
Handeln auf dem Hintergrund des Glaubens. Der Konflikt wurde an zwei Beispielen (Entscheidung für einen Beruf, Partnerwahl
in Kapitel 8, S. 118) illustriert. Unreife Christen können in ihrem
Bemühen, sich Gottes Führung zu unterstellen, in Passivität oder
Kritiklosigkeit bei wichtigen Lebensentscheiden verfallen.

Welche Botschaft brauchen sie also in Seelsorge und Verkündigung? Bei ihnen wird es darum gehen, nicht allein auf ihre Gefühle zu sehen, sondern Verantwortung im biblischen Sinn zu
übernehmen. *Verantwortung* bedeutet:

- zu erkennen, daß Gott uns mit einem Willen und einer Verantwortung ausgestattet hat, selbst zu verstehen, »was der Wille Gottes ist«[9];
- aktiv Pläne zu machen und sich mit anderen zu beraten[10];
- eine Frage anhand christlicher Grundwerte zu prüfen und dann eine Entscheidung zu treffen[11];
- bei unvorhersehbaren Änderungen offen für neue Entwicklungen zu sein und Gott zutrauen, daß er auch aus einer neuen Situation das Beste machen kann.

Zur Freiheit seid ihr berufen

»Zur Freiheit hat uns Christus befreit! So steht nun fest und laßt euch nicht wieder das Joch der Knechtschaft auflegen!« So engagiert warnte der Apostel Paulus die Gemeinde der Galater vor religiöser Gesetzlichkeit und Einengung.[12] Damals waren es die orthodoxen Juden, die nur in der völligen Einhaltung des Gesetzes den Weg zu Gott sahen. Ja, sie waren davon überzeugt, der Messias könne erst wiederkommen, wenn alle Juden das Gesetz einhielten. Diese unterschwellige Angst, das Heil zu versäumen, ist es auch, die gesetzliche Christen aller Zeiten dazu bewog, sich selbst an strenge Regeln zu halten und sie auch andern aufzuerlegen. Dabei geht es ihnen ernsthaft um das Wohl der andern, die sie vor einer »Vermischung mit der Welt« bewahren wollen. Doch, was »weltlich« ist, das ändert sich erfahrungsgemäß mit der Kultur.

Die Anforderungen an Versammlungsbesuch, äußere Erscheinung und Lebensführung können sehr ausgeprägt sein.[13] Gerade in kleinen, unabhängigen Gruppierungen können Leiter und Älteste einen derart starken Einfluß ausüben, daß sich kein Gemeindeglied dagegen aufzulehnen wagt. Wo die »Gabe der Prophetie« mehr als die Auslegung der Bibel betont wird, kann unter geistlichem Deckmantel regelrechter psychischer Terror ausgeübt werden. Hält man sich nicht an Regeln, so können zwei Dinge die Folge sein: Man setzt sein Seelenheil aufs Spiel, und man schließt sich aus der Gemeinschaft aus. Oftmals werden in diesen Gruppen die »Fehlbaren« vor den Ältestenrat geladen und eingehend ermahnt. Da ist es schon eine Sünde, wenn man es wagt, andere christliche Bücher zu lesen (die nicht aus dem gemeindenahen Verlag stammen) oder gar die seltsamen Endzeit-Offenbarungen eines leitenden Bruders anzuzweifeln.

Man muß nicht einmal neurotisch sein, um sich dabei unfrei und bedrückt zu fühlen. Umso stärker erleben sensible Menschen die Belastung, zumal sie gleichzeitig loyal zu ihren Glaubensgeschwistern sein möchten und sich selbst Vorwürfe machen, sie hätten sich »zu sehr mit der Welt eingelassen«. Es gibt aber auch Menschen, die sich in die äußeren Regeln fügen, ohne gefühlsmäßig in Konflikt damit zu kommen. Auch hier gilt: Einengende Gebote machen nicht unbedingt krank.

So sind es diejenigen, für die das Spannungsfeld zwischen Gesetz und Freiheit zum inneren Kampf wird, die ihre Probleme in die Beratung einbringen:

– »Vor kurzem ging ich mit meiner Freundin ins Kino und schaute mir einen romantischen Film an. Nun wurde ich von unserem Gruppenleiter zur Rede gestellt: Das Kino sei weltlich, und ich dürfe mich nicht mit der Welt einlassen, wenn ich wirklich Jesus nachfolgen und in der Gemeinde mitmachen wolle.« (eine 23jährige Frau)

– »Ich liebe schöne Kleider. Aber bei uns gilt es, bescheiden und unauffällig zu erscheinen. Zudem haben wir gerade ein neues Missionsprojekt, das viel Geld braucht. Ich habe immer ein schlechtes Gewissen, wenn ich mein Geld für unnötige Dinge ausgebe.« (eine 40jährige Chefsekretärin)

– »In unserer Gemeinde ist es Brauch, durch ein Zeugnis Gott zu verherrlichen. Ich fühle mich immer schuldig, weil ich nichts zu berichten habe, was die andern ermutigen könnte.« (ein 45jähriger Mann)

– »Unser Pfarrer hat kein Verständnis für Frauen, die arbeiten gehen. Es sei asozial gegenüber den Kindern und zudem unbiblisch. Jetzt wurde mir eine Teilzeitstelle angeboten, doch ich habe Hemmungen, sie anzunehmen. Was wird der Pfarrer den-

ken? Und wenn meine Kinder doch Schaden nähmen?« (eine
38jährige alleinerziehende Mutter von zwei Schulkindern)
Die Reihe der Beispiele könnte fortgesetzt werden mit vielfältigen
Anforderungen, Regeln und Verboten, die im Namen des Glaubens aufgestellt werden, ohne biblisch begründbar oder gar heils-
entscheidend zu sein. Aus der Gnade leben, in Verantwortung
handeln, das bedeutet auch, Freiheit für die persönliche Lebensgestaltung in Anspruch zu nehmen. Hier einige Grundprinzipien:

a) Ein Christ ist durch Jesus Christus frei vom Gesetz. Er kann
nichts an Werken hinzufügen, um sich seine Seligkeit zu verdienen. Keine Missions-Spende, keine Wallfahrt und kein Fasten kann ihn bei Gott besserstellen. Geistliche Übungen haben nur dann ihren Wert, wenn sie aus Freiheit und Liebe zu
Christus geschehen.

b) Ein Christ ist frei in dem, was er ißt, wie er sich kleidet und
wie er sein Geld ausgibt. Niemals dürfen Äußerlichkeiten wie
Speisegesetze und heilige Tage zum dominierenden, ja heils-
entscheidenden Faktor im Leben eines Christen werden. Immer wieder wird diese Tatsache in der Bibel betont: »Das
Reich Gottes ist nicht Essen und Trinken, sondern Gerechtigkeit und Friede und Freude in dem heiligen Geist!« schrieb
Paulus den Römern.[14] Den Korinthern gab er gar den Rat-
schlag, sich nicht in unnötige Gewissenskonflikte zu stürzen,
obwohl es bekannt war, daß viele Tiere in den Götzentempeln
geschlachtet wurden[15]: »Alles, was auf dem Fleischmarkt ver-
kauft wird, das eßt, und forscht nicht nach, damit ihr das Gewissen nicht beschwert.«

c) Freiheit und Verantwortung gehören zusammen: Meine Freiheit hat dort ihre Grenzen, wo sie die Freiheit des andern ein-
schränkt und das Gebot der Liebe verletzt. »Alles ist erlaubt,
aber nicht alles dient zum Guten. Alles ist erlaubt, aber nicht
alles baut auf. Niemand suche das Seine, sondern was dem andern dient.«[16] Wahre Reife bedeutet demnach, innere Freiheit
zu haben, und dennoch Rücksicht auf andere zu nehmen und
ihre Grenzen zu respektieren.

Der Kampf zwischen Geist und Fleisch

Der chinesische Evangelist Wang Ming-tao[17] beschreibt in seiner Autobiographie eine kleine von einem norwegischen Missionar gegründete Gemeinschaft, die eine besondere Lehre der Heiligung lehrte, mit dem Ziel, »sündlos« zu werden. Ich habe bewußt ein Beispiel aus einem anderen Land und einer anderen Zeit gewählt. Es sei dem Leser überlassen, Parallelen zur Gegenwart zu ziehen. »Er listete alle im Neuen Testament aufgezeichneten Sünden auf, im ganzen dreiundachtzig, und hängte diese Liste im Versammlungsraum auf. Er hielt die Leute an, die Liste jeden Tag zu lesen. Dadurch, so sagte er, würden die Menschen nach und nach von ihren Sünden frei und somit heilig werden.«

Eine konsequente Heiligungslehre dieser Art zieht Menschen an, die unter sich und ihrer Unvollkommenheit, unter ihrem Fleisch leiden. Sie hoffen, hier eine Lösung zu finden, endlich frei zu werden von dem, was sie noch trennt von Gott. Zuerst scheint die Methode zu funktionieren. Sie schaffen es, über Tage und vielleicht sogar über Wochen, ein »Leben ohne Sünde« zu führen. Doch dann schleicht sich eines Tages wieder die Schlange des Neides, der Skorpion eines unkontrollierten Wutausbruchs oder die heimtückische Krake des Grolls ins Herz ein. Der Kampf gegen die Sünde geht erneut los und bindet viele Kräfte. Sensible Menschen haben es noch schwerer: Viele »neurotische« Menschen leiden an ihrer Kraftlosigkeit, an ihrem Mangel, Freude zu empfinden und an ihren Hemmungen und Ängsten. Alle geistlichen Patentrezepte, Schwachheit, Versagen und Sünde auszurotten und zu überwinden, sind letztlich zum Scheitern verurteilt, ob sie nun pietistisch-wortbetont oder charismatisch-emotional sind.

Eine Frömmigkeit, die nur sündlose Vollkommenheit, Freude und Sieg betont, wird letztlich bedrückend und unbarmherzig. Sie leugnet die Tatsache, daß auch der erlöste Mensch noch Teil der gefallenen Schöpfung ist. Gerade depressive und ängstliche Menschen kennen das »ängstliche Harren der Kreatur«. Trotz ihres Wollens, trotz ihrer Hingabe an Gott, »seufzen wir in uns selbst und sehnen uns nach der Kindschaft, nach der Erlösung unseres Leibes«.[18] Hier geht es nicht nur um Rheuma und Krebs, um Armut und Schicksalsschläge. Hier geht es auch um seelische Schwachheit, um innere Gehemmtheit und pathologische Zweifelsucht, um das Leiden an den Verletzungen der Kindheit und um sexuelle Impotenz.

Der Seelsorger muß sich bewußt sein, daß er den Kampf zwischen Fleisch und Geist, zwischen Erlösungswunsch und Schwachheit, nie völlig auflösen kann.[19] Damit sind wir schon bei den Grenzen der Seelsorge angelangt, Grenzen, die gerade im Hinblick auf die Seelsorge an »neurotischen« Menschen besonders wichtig sind.

Die Grenzen der Seelsorge

Manche Leser mögen am Ende dieses Buches enttäuscht sein. Vielleicht hatten sie sich Patentrezepte erwartet, geistliche Durchbrüche, psychologische Offenbarungen, seelsorgerliche Heilung für den sensiblen Menschen, der am Glauben leidet. Und nun wird soviel von Grenzen gesprochen! Und doch wird nur derjenige Seelsorger in der Begleitung neurotischer Menschen durchhalten können, der sich der Grenzen bei sich und seinen Ratsuchenden bewußt ist. Ich möchte vier Grenzen herausheben:

1. Die Grenzen der Vergangenheitsbewältigung: Der Seelsorger kann die Vergangenheit nicht rückgängig machen. Da sind vielleicht schwere Erfahrungen mit gläubigen Menschen oder Bedrückung durch eine eng-geführte Frömmigkeit und Verkündigung. Je nach der Problemkonstellation kann es lange dauern, bis diese Verletzungen in den Hintergrund treten und den Weg für Veränderungen frei machen. Oft bleiben Narben zurück.

2. Der Rahmen christlicher Gemeinschaft: Seelsorge findet im Rahmen christlicher Gemeinschaft statt. Sie kann sich nicht der Tatsache entziehen, daß Gemeinschaft nicht nur Wärme, Geborgenheit und Halt vermittelt, sondern beim neurotischen Menschen auch angstauslösende Einengung, konflikthafte Beziehungen und Leistungsdruck durch Vergleich mit anderen bedeuten kann.

3. Die Grenzen der Ethik: Der Seelsorger sollte Offenheit und Einfühlung in ein individuelles Schicksal zeigen, selbst wenn die Person kein einwandfreies Leben führt (vgl. Jesus und die Samariterin am Jakobsbrunnen, Jesus und die Ehebrecherin). Er hat aber auch ethische Wegweiser-Funktion. Deshalb kann er die Grundlinien christlicher Ethik nicht beliebig aufweichen und den Wünschen und Lebensformen eines Ratsuchenden anpassen. Besondere Probleme ergeben sich in der Beratung bei Partnerschaftsproblemen (Mischehe, Scheidung, Wiederheirat) und sexualethischen Fragen (z.B. Homosexualität, Perversionen) sowie in der Abtreibungsfrage. Oft sind es also nicht unbegründete subkulturelle Regeln, sondern auch notwendige ethische Grenzziehungen, an denen sich neurotische Menschen reiben. Ihnen fällt es besonders schwer, die Spannung zwischen Freiheit und Verantwortung, zwischen »Geist« und »Fleisch«, zwischen Gesetz und Gnade auszuhalten.

4. Freiheit und Verantwortung des einzelnen: Der Seelsorger kann dem einzelnen nicht die Aufgabe abnehmen, für sich persönlich seinen Weg zwischen Idealen und Bedürfnissen, Versuchungen und Schwächen zu finden. So muß er den Mut haben, den Ball, den ihm der Ratsuchende zuwirft, immer wieder zurückzuspielen und sein Gegenüber zu eigenen Schritten zu ermutigen.

Hilfreiche Verkündigung

Immer wieder wurde ich im Anschluß an Seminare über »Neurose und Religiosität« von Pfarrern und Predigern gefragt: Wie kann man denn noch das Evangelium verkünden, und dabei allen Zuhörern gerecht werden? Steht man als Verkündiger nicht ständig in der Gefahr, etwas zu sagen, das bei einigen Zuhörern Widerspruch, Konflikte und falsche Interpretationen hervorrufen kann? Ich mußte den Fragenden zum Teil recht geben. Und doch gibt es Prediger, denen man ihre Liebe und ihre Barmherzigkeit für die Schwachen abspürt, obwohl sie ein klares Evangelium verkünden. Und es gibt andere, die offenbar nur im Mief ihrer theologischen Studierstube leben und gar nicht um die Nöte wissen, die sensible Menschen haben.

So ist also eine sorgfältige Selbstprüfung auch für den Verkündiger vonnöten. Fragen Sie sich immer wieder, welches Evangelium Sie verkündigen: Vermittle ich ein Evangelium der Freiheit oder gibt es auch in meiner Verkündigung unnötige Einengung? Predige ich ein Evangelium, das Jesus im Zentrum hat, oder vermittle ich meinen Zuhörern Äußerlichkeiten und Aktivitäten, Gefühls- und Durchhalteparolen als Grundlage ihres Glaubens?

Wie gehe ich mit dem Spannungsfeld um, daß die einen Ermahnung und Zurechtweisung brauchen, während andere gerade an diesen Ermahnungen leiden? Welche Möglichkeiten gibt es, in der Gemeinde den verschiedenen Gruppen gerecht zu werden? Es ist hilfreich, bei jeder Predigtvorbereitung an drei verschiedene Zielgruppen unter den Zuhörern zu denken, wie sie in 1. Thessalonicher 5:14 beschrieben werden (vgl. Tabelle 12-1):

Tabelle 12-1: Zielgruppen der Verkündigung

- **Die Unordentlichen**, d.h. diejenigen, die bewußt sündigen, das Negative ausblenden und Zurechtweisung brauchen.
- **Die Verzagten**, d.h. die Selbstunsicheren und Niedergedrückten, die des Trostes und der Ermutigung bedürfen.
- **Die Schwachen**, d.h. diejenigen, die an bleibenden körperlichen und seelischen Grenzen leiden, die es nötig haben, getragen zu werden und immer wieder die Botschaft von Gottes Treue und Durchtragen auch in der Schwachheit hören müssen.

Wider eine falsche Psychologisierung

So sehr die Berücksichtigung neurotischer Menschen und ihrer
Nöte in der Verkündigung zu begrüßen ist, so besteht darin auch
eine Gefahr. Immer häufiger sind es psychologische Aspekte, die
eine überzeugte Verkündigung des Evangeliums verwässern. So
beklagt Henri Nouwen zu Recht[20]:

*»Die meisten Seelsorger behandeln in ihrer Verkündigung heu-
te psychologische oder soziologische Fragen, auch wenn sie diese in
einen Rahmen von Bibelzitaten einspannen. Echtes theologisches
Denken – das Denken im Sinne Christi – ist in unserer Seelsorge
kaum zu finden. Ohne solide theologische Reflexion aber werden
unsere Seelsorger in Zukunft wenig mehr als dilettantische Psychologen, Soziologen und Sozialarbeiter darstellen. Sie werden sich
selber verstehen als Ermöglicher, Erleichterer, als Verhaltensmodel-
le, als Vater- und Mutterfiguren, große Brüder oder Schwestern
und so weiter, und damit reihen sie sich im Grunde bloß ein in die
zahllose Schar der Männer und Frauen, die es sich zum Broter-
werb gemacht haben, ihren Mitmenschen zu helfen beim Versuch,
mit den Problemen und Spannungen ihres Alltagslebens fertig zu
werden. Aber das hat kaum etwas mit christlicher Verkündigung
zu tun ...«*

Es wäre eine Illusion zu meinen, das Evangelium ließe sich je
so verkündigen, daß es bei keinem mehr Anstoß erregte. Keine
Verkündigung kann je die Grundprobleme der Angst und der
Schuldgefühle bei sensiblen Menschen aus der Welt schaffen.
Vielmehr kann das Wort von der Vergebung durch den Tod Jesu
am Kreuz Befreiung schenken, für die, die nicht wissen, wohin
mit ihrer Schuld. Die Botschaft von Jesus, dem Erlöser und wie-
derkommenden Herrn, kann inneren Frieden und tiefe Hoffnung
vermitteln inmitten der Angst dieser Welt. Wenn Jesus sagt:
»Nicht gebe ich euch, wie die Welt gibt«, so meinte er damit vielleicht auch die stoische Schicksalsergebenheit, diesen Vorläufer
einer säkularisierten Seelsorge seiner Zeit. Die Psychotherapie,
auch in ihrer seelsorglichen Psychologisierung, steht in der Gefahr, zur Ersatzreligion zu werden, zur »verkappten Theologie

vom heilen Menschen«, wie es der Psychologe J. Bopp[21] einmal formuliert hat.

Erlauben Sie mir, ein Bild zu gebrauchen: Ich liebe Orientteppiche. Ich liebe ihre herrlichen Farben und Muster. In Indien habe ich selbst gesehen, mit welch mühseliger, oft jahrelanger Arbeit ein solches Kunstwerk Knoten um Knoten entsteht. Doch, um einen Orientteppich zu bewundern, darf man nicht nur seine Fransen oder seine Hinterseite betrachten. Genauso ist es auch mit dem Bild, das wir uns von einer Glaubensgemeinschaft oder von der Religiosität eines Menschen machen. In eine Psychotherapie kommen nur diejenigen, die durch ihre Ängste und Zwänge, ihre Konflikte und ihr Versagen, kurz: durch ihr neurotisches Leiden (innerlich) an den Rand einer Gemeinschaft gedriftet sind – sozusagen in den Fransenbereich der Kirche. Wer nur ihre Nöte und Konflikte in der aktuellen Situation betrachtet, der bekommt nicht das volle Bild der Schönheit einer persönlichen Gottesbeziehung im Rahmen der christlichen Gemeinschaft. Er sieht nur die notvollen Randsituationen, die nicht das Ganze widerspiegeln. Unser Anliegen aber soll es sein, ein umfassendes Bild zu erhalten. Bei allem Verständnis für die Nöte sensibler Menschen müssen wir uns hüten, das Evangelium nur noch in seinen psychologischen Fransen zu verkünden und darüber das Zentrum zu vergessen.

Erforsche mich, Herr ...

Der Seelsorger bleibt nicht unberührt von den notvollen Erzählungen seiner Ratsuchenden. Oft steht er in der Gefahr, mit hineingezogen zu werden in die Hoffnungslosigkeit depressiver Menschen, in den Zorn auf diejenigen, die sein Gegenüber verletzt haben. Sein Wunsch nach Hilfe für den angstgeplagten Menschen kann so groß werden, daß er versucht, alle angstbesetzten Themen auszublenden, auch wenn er damit wesentliche biblische Wahrheiten preisgibt. Sein Mitleid mit einer Frau, die keine Liebe in ihrem Leben erfährt, kann es ihm schwermachen, die Grenzen

psychischer und körperlicher Distanz zu wahren. Doch da geschieht noch etwas anderes: Wenn Menschen von ihren Zweifeln
und von ihren unerfüllten Wünschen berichten, so können diese
auch im Seelsorger verwandte Saiten anklingen lassen. Nicht wenige Therapeuten sind daran zerbrochen, daß ihnen in der Ehe-
seelsorge eigene Versagungen und Konflikte bewußt wurden.
Ihren Ratsuchenden ermutigten sie dazu, sich seine Bedürfnisse
einzugestehen, zu sich zu stehen, sich durchzusetzen und bewußt
das Gespräch mit dem Ehepartner zu suchen. Aber wie stand es
in ihrem eigenen Leben?

So sollte sich der seelsorgliche Therapeut mit dem Psalmisten
betend vor Gott fragen: »Herr, erforsche mein Herz und siehe,
wie ich's meine ...« Es gilt immer wieder einzuhalten und zu fragen: Welche Konflikte weckt der Ratsuchende in mir? Wo rate ich
ihm, sich etwas zu gönnen, während ich mich ständig verausgabe?
Wo rate ich ihm, sich von übermäßiger Verantwortung zu distan-
zieren, aber ich vernachlässige meine Familie, weil ich mich nicht
abgrenzen kann?

Doch manchmal muß er sich auch fragen: Verstehe ich die religiöse Welt meines Ratsuchenden? Sehe ich nur das Negative an
seiner Gemeinde, oder spüre ich auch etwas von der Gemeinschaft und dem Halt, den er dort erlebt? Wo projiziere ich meine
Ideale und meine Frustrationen auf ihn oder sein (religiöses) Umfeld?[22] Wo sollte ich eigentlich mich selbst in meinem Glauben in
Frage stellen? Die Gespräche mit den Ratsuchenden können dann
zur Herausforderung werden, das eigene geistliche Leben neu zu
überprüfen. Lebe ich selbst aus der Gnade? Lebe ich selbst in der
Freiheit? Lebe ich selbst in Verantwortung vor Gott, oder lasse
ich mich fremdbestimmen von den Erwartungen, die an mich gestellt werden? Wie gehe ich mit meinem persönlichen Konflikt
zwischen Geist und Fleisch um?

Seelsorge, die aus dem Herzen kommt

Wohl eines der hilfreichsten Bücher zur Selbstprüfung des Seelsorgers ist die kleine Schrift von Henri Nouwen: »Seelsorge, die aus dem Herzen kommt«.[23] Nouwen, einst anerkannter Professor für Spiritualität an den berühmten Universitäten Harvard und Yale, zog sich von allen Ehren und Einladungen zurück in eine kleine Wohngemeinschaft von körperlich und seelisch behinderten Menschen. Dort teilte er sein Leben mit ihnen; er aß mit ihnen und spielte mit ihnen; er fütterte diejenigen, die selbst nicht essen konnten, und er versuchte ihnen in einfachsten Worten etwas von der Liebe Jesu nahezubringen. Es war eine völlig neue Welt für ihn, in der weder intellektuelle Brillanz noch rhetorische Begabung zählten. Doch diese Erfahrung half ihm klarer zu sehen, was wirklich zählt im Leben und in der Seelsorge. Als er dann gebeten wurde, in Washington vor Priestern und geistlichen Führern einen Vortrag über Menschenführung in der Kirche des 21. Jahrhunderts zu sprechen, da wählte er einen ganz einfachen Text als Grundlage für sein Referat. Er sprach über die Begegnung Jesu mit Petrus am See Genezareth, damals nach all den Wirren der Gefangennahme, nach seiner Verleugnung und nach der Auferstehung des Herrn. Drei Versuchungen seien es, die heute an den modernen Seelsorger herankämen:
– Die Versuchung, ein unentbehrlicher Mensch zu werden;
– die Versuchung, ein beliebter Mensch zu werden;
– die Versuchung, ein mächtiger Mensch zu werden.
Er plädierte dafür, wieder ganz neu ein Leben des Gebets zu entwickeln, sich eigene Schwäche und Schuld einzugestehen und bewußt über Gottes Wort nachzudenken. »Wenn Seelsorger nur Menschen sind, die gut fundiert Meinungen zu den brennenden Fragen unserer Zeit haben, ist das zu wenig. Ihr Dienst muß in der ständigen, innigen Beziehung zum menschgewordenen Wort, zu Jesus, verwurzelt sein; das ist die unentbehrliche Quelle, aus der sie ihre Worte, Ratschläge und Wegweisungen schöpfen müssen.«[24]
Der Seelsorger und Verkündiger unserer Zeit muß nicht ein psychologisch gebildeter Übermensch sein. Viel wichtiger als alles

Wissen sind Demut, Liebe und Barmherzigkeit für diejenigen Menschen, die mühselig und beladen sind, die ein zerbrochenes Herz und ein zerschlagenes Gemüt haben. Nicht immer werden wir alle ihre Probleme lösen können, aber vielleicht können sie durch uns etwas von der Liebe Gottes spüren.

> *»Das Geheimnis der Seelsorge besteht darin,*
> *daß wir ausgewählt worden sind, damit*
> *unsere begrenzte und sehr bedingte Liebe*
> *zum Durchgangstor*
> *der grenzenlosen und bedingungslosen Liebe Gottes wird.«*
> Henri Nouwen[25]

Anmerkungen

1 Ringel und Kirchmayr 1985
2 Arterburn und Felton 1991
3 1. Petrus 5,10; Nehemia 9,17; Exodus 22,27
4 Psalm 30,6
5 Römer 3,24; Titus 3,7
6 Epheser 2,8-9; Apostelgeschichte 18,27
7 2. Korinther 12,9; 2. Thessalonicher 2,16
8 Seamands 1990
9 Epheser 5,10 und 17
10 Sprüche 15,22, Entscheidungswege bei Paulus, vgl. 1. Korinther 16,5ff, 2. Korinther 1,15-17; 2,12-13
11 Epheser 5,10; Römer 12,2
12 Galater 5,1
13 vgl. dazu das bereits erwähnte Buch von Enroth 1992: »Churches that abuse«
14 Römer 14,17
15 1. Korinther 10,25, vgl. auch 1. Korinther 8
16 1. Korinther 10,23-24
17 vgl. Ming-tao 1991, S. 104ff
18 Römer 8,18-25
19 Römer 7,18-25
20 Nouwen 1989, S. 64f
21 Bopp 1985

22 vgl. dazu die Studie von Peteet 1981 über die Gegenübertragungsmuster in
    der Therapie mit religiösen Patienten
23 Nouwen 1989
24 Nouwen, S. 33
25 Nouwen, S. 45

Literaturverzeichnis

1. Allport G.W. (1950) *The individual and his religion: A psychological interpretation.* Macmillan, New York
2. Andrews G., Stewart G., Allen R., Henderson S. (1990a) The genetics of six neurotic disorders: a twin study. *Journal of Affective Disorders* 19:23-29.
3. Andrews G., Stewart G., Morris-Yates A., Holt P., Henderson S. (1990b) Evidence for a general neurotic syndrome. *British Journal of Psychiatry* 157:6-12
4. Anonymus (1987) Ist ein Pfarrer Ihr Patient? Häufiger sexuelle Probleme als vermutet. *Medical Tribune* 36 (4.9.1987), S. 20.
5. Anonymus (1990) Reifer Sex. *Psychologie heute*, März 1990, S. 18.
6. Anonymus (1992) Nur noch jeder vierte ein Christ. *Der Spiegel* 25:36-57
7. Arterburn S. Felton J. (1991) *Toxic Faith: Understanding and Overcoming Religious Addiction.* Oliver Nelson, Nashville TN.
8. Backus W. und Chapian M. (1983) *Befreiende Wahrheit. Praxis kognitiver Seelsorge.* Projektion J, Hochheim.
9. Bayer R., Spitzer R.L. (1985) Neurosis, Psychodynamics, and DSM III. *Archives of General Psychiatry* 42:187-196.
10. Beck A.T. et al. (1981) *Kognitive Therapie der Depression.* München: Urban & Schwarzenberg.
11. Benson C.K. (1992) Forgiveness and the psychotherapeutic process. *Journal of Psychology and Christianity* 11:76-81.
12. Bergin A.E. (1983) Religiosity and mental health: a critical reevaluation and meta-analysis. *Professional Psychology: Research and Practice* 14:170-184.
13. Birky I.T., Ball S. (1988) Parental trait influence on God as an object representation. *Journal of Psychology* 122:133-137.
14. Boelhouwer J. (1990) Sex ist individueller, als Sie denken! *Psychologie heute*, März 1990, 26-28.
15. Bopp J. (1985) Die Priesterherrschaft der Therapeuten. *Psychologie heute*, November, S. 36-45.
16. Bovet T. (1955): »Ekklesiogene Neurosen«. *Wege zum Menschen* 7:265-268.
17. Bräutigam W. (1991) Bindung und Sexualität in psychoanalytischen Theorien und in der Praxis. *Psychotherapie, Psychosomatik und medizinische Psychologie* 41:295-305.

18.   Bronisch T. (1989): Rehabilitation chronifizierter Neurosen. In: Hippius H. et al., Hrsg.: *Rehabilitation in der Psychiatrie.* Springer, Berlin – Heidelberg – New York, S. 50-55.

19.   Buddeberg C. (1987) *Sexualberatung. Eine Einführung für Ärzte, Psychotherapeuten und Familienberater.* Enke, Stuttgart.

20.   Burckhardt H. (1990) *Wiederkehr der Religiosität?* Brunnen-Verlag Basel und Gießen.

21.   Coenen L., Hrsg. (1971) *Theologisches Begriffslexikon zum Neuen Testament.* 3. Auflage der Studien-Ausgabe 1983. Theologischer Verlag R. Brockhaus, Wuppertal.

22.   Condrau G. (1962/1976) *Angst und Schuld als Grundprobleme der Psychotherapie.* Suhrkamp, Frankfurt.

23.   Crabb L.J. und Allender D.B. (1984/1986) *Dem andern Mut machen. Seelsorge im täglichen Miteinander.* Brunnen, Basel und Gießen.

24.   Derogatis L.R. et al. (1981) Psychopathology in individuals with sexual dysfunction. *American Journal of Psychiatry* 138:757-763.

25.   Dieterich M., Hrsg. (1991) *Wenn der Glaube krank macht. Psychische Störungen und religiöse Ursachen.* R. Brockhaus Verlag, Wuppertal und Zürich.

26.   Dilling H. (1989) Prävalenzergebnisse aus einer Feldstudie in einem ländlich-kleinstädtischen Gebiet. In: Mester H. und Tölle R. (Hrsg.) *Neurosen.* Springer, Berlin – Heidelberg – New York.

27.   Dilling H., Weyerer S., Castell R. (1984) *Psychische Erkrankungen in der Bevölkerung.* Enke, Stuttgart.

28.   Dörr A. (1987) *Religiosität und Depression. Eine empirisch-psychologische Untersuchung.* Deutscher Studien-Verlag, Weinheim.

29.   Drewermann E. (1989) *Kleriker. Psychogramm eines Ideals.* Walter, Olten.

30.   DSM III-R (1989) *Diagnostisches und statistisches Manual psychischer Störungen, revidierte Fassung.* Hrsg. von Wittchen H.-U., Sass H., Zaudig M., Köhler K. Beltz, Weinheim, Basel.

31.   Enroth R.M. (1992) *Churches that abuse.* Zondervan, Grand Rapids MI.

32.   Festinger L. (1954) A theory of social comparison processes. *Human Relations* 7:117-140.

33.   Feuerbach L. (1967) *Das Wesen der Religion.* Hrsg. von A. Esser. Schneider-Lambert, Köln.

34.   Fitz A. (1990) Religious and familial factors in the etiologiy of obsessive-compulsive disorder: A review. *Journal of Psychology and Theology* 18:141-147.

35.   Fliegel S. (1990) Wenn's im Bett nicht klappt ... *Psychologie heute*, März 1990, 20-26.

36.   Fowler J.W. (1981/1991) *Stufen des Glaubens. Die Psychologie der menschlichen Entwicklung und die Suche nach Sinn.* Gütersloh: Gütersloher Verlagshaus Gerd Mohn.

37.   Frank E. et al. (1978) Frequency of sexual dysfunction in »normal« couples. *New England Journal of Medicine* 299:111-115.

38. Freeman D. (1983) *Margaret Mead and Samoa. The making and un-making of an anthropological myth.* Harvard University Press.
39. Freud A. (1984) *Das Ich und die Abwehrmechanismen.* Fischer Taschen-buch Verlag, Frankfurt.
40. Freud S. (1895) *Zur Psychotherapie der Hysterie.* Studienausgabe Ergän-zungsband, Fischer Taschenbuch Verlag, Frankfurt, S. 39-97.
41. Freud S. (1927) *Die Zukunft einer Illusion.* Studienausgabe Bd. IX, Frankfurt: Fischer, S.137-189
42. Garcia G.D. (1983) Sexology on the Defensive: New questions about the research of the pioneers. *Time,* June 13, 1983.
43. Gartner J., Lyons J.S., Larson D.B., Strain J.J. (1991): Religious commit-ment and mental health: a review of the empirical literature. *Journal of Psychology and Theology* 19:6-25.
44. Glock C.Y., Stark R. (1963) *Religion and Society in Tension.* Chicago: Rand McNally.
45. Gorsuch R. (1968) The conceptualization of god as seen in adjective ratings. *Journal for the Scientific Study of Religion* 7:56-64.
46. Guggenbühl A. (1991) Die lieben Eltern, wie ich sie hasse. Zur psycho-logischen Bedeutung der Eltern im Erwachsenenalter. *Neue Zürcher Zeitung* 61, S. 83.
47. Hark H. (1982) Religiöse Entwicklung und psychische Schwierigkeiten. *Wege zum Menschen* 34:443-458.
48. Hark H. (1984) *Religiöse Neurosen. Ursache und Heilung.* Kreuz-Ver-lag, Stuttgart und Zürich.
49. Heinrichs D.J. (1982) Our father which art in heaven: parataxic distorti-ons in the image of God. *Journal of Psychology and Theology* 10:120-129.
50. Hemminger H., Becker V. (1985) *Wenn Therapien schaden. Kritische Analyse einer psychotherapeutischen Fallgeschichte.* Rowohlt, Reinbek b. Hamburg.
51. Hoffmann S.O., Hochapfel G.: *Einführung in die Neurosenlehre und Psychosomatische Medizin.* Schattauer Verlag, UTB, Stuttgart – New York.
52. Hope D. (1987) The healing paradox of forgiveness. *Psychotherapy* 24:240-241.
53. Houts A.C., Graham K. (1986) Can religion make you crazy? Impact of client and therapist values on clinical judgement. *Journal of Consulting and Clinical Psychology* 54:267-271.
54. Huffington A.S. (1988) *Pablo Picasso – Schöpfer und Zerstörer.* Mün-chen: Droemer Knaur Verlag.
55. *Internationale Klassifikation psychischer Störungen ICD-10* (1991). Hrsg. von Dilling H., Mombour W., Schmidt M.H. Huber Verlag, Bern, Göttingen, Toronto.
56. James W. (1902/1985) *The varieties of religious experience: A study in human nature.* Penguin Books, New York.
57. Kernberg O.F. (1988) *Innere Welt und äußere Realität: Anwendungen*

der Objektbeziehungstheorie. München: Verlag Internationale Psycho-analyse.

58.   Klosinski G. (1990) Ekklesiogene Neurosen und Psychosen im Jugend-alter. Zur erschwerten Ablösungsproblematik von Jugendlichen aus streng moralisierenden, christlich-religiösen Bewegungen. *Acta Paedo-psychiatrica* 53:71-77.

59.   Krafft-Ebing R.v. (1918) *Psychopathia sexualis mit besonderer Berück-sichtigung der konträren Sexualempfindung.* 15. Auflage. Stuttgart: Fer-dinand Enke Verlag.

60.   Küng H. (1987) *Freud und die Zukunft der Religion.* Piper, München.

61.   Larson D.B., Kimberly A.S., Lyons J.S., Craigie F.C., Thielman S.B., Greenwold M.A., Larson S.S. (1992) Associations between dimensions of religious commitment and mental health reported in the American Journal of Psychiatry and Archives of General Psychiatry 1978-1989. *American Journal of Psychiatry* 149:557-559.

62.   Mahler M. et al. (1975/1980) *Die psychische Geburt des Menschen.* Frankfurt, Fischer.

63.   Margies W. (1988) *Befreiung.* Berlin: Aufbruch-Verlag.

64.   McGuffin P., Thapar A. (1992) The genetics of personality disorder. *Bri-tish Journal of Psychiatry* 160:12-23.

65.   Meissner W.W. (1991) The phenomenology of religious psychopatholo-gy. *Bulletin of the Menninger Clinic* 55:281-298.

66.   Mester H. und Tölle R. (Hrsg.) *Neurosen.* Springer, Berlin – Heidel-berg – New York.

67.   Ming-tao W. (1991) *Ein Stein wird geschliffen.* Autobiographie. Christli-che Literatur Verbreitung, Bielefeld.

68.   Moser T. (1976) *Gottesvergiftung.* Frankfurt, Suhrkamp.

69.   Mumford D.B. (1992) Emotional distress in the hebrew bible. *British Journal of Psychiatry* 160:92-97.

70.   Narramore S.B. (1984) *No Condemnation. Rethinking guilt motivation in counseling, preaching and parenting.* Zondervan, Grand Rapids MI.

71.   Nipkow K.E., Schweitzer F. und Fowler J.W., Hrsg. (1989) *Glau-bensentwicklung und Erziehung.* Gütersloh: Gütersloher Verlagshaus Gerd Mohn.

72.   Noll W. (1989) *Wenn Frommsein krank macht.* Socio medico Verlag, D-Planegg.

73.   Nouwen H.J.M. (1989) *Seelsorge, die aus dem Herzen kommt.* Herder-Verlag, Wien, Freiburg, Basel.

74.   Nydam R.J. (1991) Character disorders: Where faith and healing some-times fail. *Journal of Pastoral Care* XLV:135-148.

75.   Oser F. und Gmünder P. (1988) *Der Mensch – Stufen seiner religiösen Entwicklung. Ein strukturgenetischer Ansatz.* Gütersloh: Gütersloher Verlagshaus Gerd Mohn.

76.   Peteet J.R. (1981) Issues in the treatment of religious patients. *American Journal of Psychotherapy* XXXV:559-564.

77.   Pfeifer A. (1990) *Wir erziehen unsere Kinder anders.* Hänssler, Stuttgart.

78. Pfeifer S. (1987) Okkulte Belastung im Spannungsfeld zwischen Seelsorge und Psychiatrie. *Factum*, Februar 1987, S. 3-8.
79. Pfeifer S. (1988) *Die Schwachen tragen. Moderne Psychiatrie und biblische Seelsorge.* Basel und Gießen: Brunnen.
80. Pfeifer S. (1988) Kognitive Therapie – ein neues Paradigma für die Seelsorge? *Wege zum Menschen* 40:163-172.
81. Pingleton J.P. (1989) The role and function of forgiveness in the psychotherapeutic process. *Journal of Psychology and Theology* 17:27-35.
82. Powell J., Gladson J., Meyer R. (1991) Psychotherapy with the fundamentalist client. *Journal of Psychology and Theology* 20:344-353.
83. Preston C.A., Viney L.L. (1986) Construing God: an exploration of the relationships between reported interaction with god and concurrent emotional experience. *Journal of Psychology and Theology* 14:319-329.
84. Ranke-Heinemann U. (1989) *Eunuchen für das Himmelreich*. Hoffmann und Campe, Hamburg.
85. Rattner J. (1987) *Tiefenpsychologie und Religion*. Verlag Max Hueber, München.
86. Reisman J.A. et al. (1990) *Kinsey, Sex and Fraud. The indoctrination of a people*. Huntington House, Lafayette LA.
87. Riemann F. (1961/1975) *Grundformen der Angst. Eine tiefenpsychologische Studie*. Ernst Reinhardt Verlag, Basel und München.
88. Ringel E. (1973) *Selbstschädigung durch Neurose*. Herder-Verlag, Wien.
89. Ringel E. (1985) *Religionsverlust durch religiöse Erziehung. Tiefenpsychologische Ursachen und Folgerungen*. Herder-Verlag, Wien, Freiburg, Basel.
90. Rizzuto A. (1979) *The Birth of the Living God*. Chicago und London: University of Chicago Press.
91. Rogers J.A. (1992) Dissonance and christian formation. *Journal of Psychology and Christianity* 11:5-13.
92. Rudin J. (1960) *Psychotherapie und Religion*. Olten: Walter Verlag; speziell: Das neurotisierte Gottesbild, S. 149-165.
93. Ruthe R. (1991) *Wenn die Seele schreit. Kann Glaube krank machen?* Brendow-Verlag, Moers.
94. Schaefer C.A., Gorsuch R.L. (1991) Psychological adjustment and religiousness: the multivariate belief-motivation theory of religiousness. *Journal for the Scientific Study of Religion* 30:448-461.
95. Schaetzing E. (1955) Die ekklesiogenen Neurosen. *Wege zum Menschen* 7:97-108.
96. Scharfetter C. (1985) *Allgemeine Psychopathologie. Eine Einführung*. 2. Auflage. Thieme-Verlag, Stuttgart.
97. Schellenbaum P. (1981) *Stichwort: Gottesbild*. Stuttgart, Kreuz.
98. Schepank H., Hrsg. (1990) *Verläufe – Seelische Gesundheit und psychogene Erkrankungen heute*. Springer, Berlin – Heidelberg – New York.
99. Schick E. (1982) *Der Christ im Leiden*. 5. Auflage, Brunnen-Verlag Basel und Gießen.
100. Schmidbauer W. (1980/1988) *Alles oder Nichts. Über die Destruktivität von Idealen*. Rowohlt, Reinbek b. Hamburg.

101. Schmidt-Degenhardt M. (1988) Disposition – Vulnerabilität – Verletz-lichkeit. *Der Nervenarzt* 59:573-585.
102. Schofield W. (1964) *Psychotherapy: the purchase of friendship.* Engle-wood Cliffs NJ: Prentice Hall.
103. Scholl N. (1980) *Kleine Psychoanalyse christlicher Glaubenspraxis.* Mün-chen, Kösel. speziell Kap. »Projektionen: Das Hinausverlegen eines in-neren Vorganges in ein äußeres Objekt und die Problematik eines Got-tesbildes.« (S. 82-111)
104. Seamands D. (1990) *Heilende Gnade.* Francke, Marburg.
105. Shapiro D. (1991) *Neurotische Stile.* Vandenhoeck und Ruprecht, Göt-tingen.
106. Smedes L.B. (1984) *Forgive and forget. Healing the hurts we don't deser-ve.* Harper and Row, San Francisco.
107. Spero M.H. (1976) Clinical aspects of religion as neurosis. *The Ameri-can Journal of Psychoanalysis* 36:361-365.
108. Spero M.H. (1985 a) The reality and the image of God in psychotherapy. *American Journal of Psychotherapy* 39:75-85.
109. Spero M.H. (1990) Parallel dimensions of experience in psychoanalytic psychotherapy of the religious patient. *Psychotherapy* 27:53-71.
110. Spero M.H., Ed. (1985 b) *Psychotherapy of the religious patient.* Spring-field IL: Charles C. Thomas.
111. Spilka B. (1989) Functional and dysfunctional roles of religion: an attri-butional approach. *Journal of Psychology and Christianity* 8:5-15.
112. Stenger H. (1975): Ekklesiogene Neurosen. In: *Praktisches Wörterbuch der Pastoral-Anthropologie Sorge um den Menschen.* Herder-Verlag, Wien – Freiburg – Basel.
113. Stoll C.D. (1990) Krankmachender Glaube? Biblische und prak-tisch-theologische Aspekte. In: *Jahrbuch für evangelikale Theologie,* TVG Brunnen, Gießen und Basel, 78-98.
114. Strauch P. (1984) *Warum leben wir eigentlich nicht? Weshalb junge Leu-te fromme Traditionen aufgeben.* Bundes-Verlag, Witten.
115. Thomas K. (1964) Lebensmüdenbetreuung als Behandlung »ekklesioge-ner« Neurosen. In Thomas K.: *Handbuch der Selbstmordverhütung.* Enke, Stuttgart, S. 299-331.
116. Thomas K. (1989a) Eine falsche Frömmigkeit kann Christen krank ma-chen. *Idea-Spektrum-Dokumentation* 7.
117. Thomas K. (1989b) Sexualstörungen infolge »ekklesiogener« Neurosen. Erfahrungen aus der Ärztlichen Lebensmüdenbetreuung Berlin. *Sexual-medizin* 18:382-387
118. Thurmann C. (1991) *Lügen, die wir glauben.* Schulte und Gerth, Asslar.
119. Tournier P. (1959) *Echtes und falsches Schuldgefühl.* Humata, Zürich.
120. Wender P.H. (1991) *Das hyperaktive Kind.* Ravensburg: Otto Maier Verlag.
121. Westerhoff J. (1976) *Will our Children have Faith?* New York: Seabury Press.
122. White S.A. (1984) Imago Dei and object relations theory: implications

for a model of human development. *Journal of Psychology and Theology* 12:286-293.

123. Wittchen H.-U. (1988) Zum Spontanverlauf unbehandelter Fälle mit Angststörungen bzw. Depressionen. In Wittchen H.-U. und Zerssen D.v.: *Verläufe behandelter und unbehandelter Depressionen und Angststörungen.* Springer, Berlin – Heidelberg – New York.

124. Wittchen H.U., Zerssen D.v. (1987) *Verläufe behandelter und unbehandelter Depressionen und Angststörungen. Eine klinisch-psychiatrische und epidemiologische Verlaufsuntersuchung.* Springer, Berlin – Heidelberg – New York.

125. Worthington E.L. (1988) Understanding the values of religious clients: A model and its application to counseling. *Journal of Counseling Psychology* 35:166-174.

126. Worthington E.L., DiBlasio F.A. (1990) Promoting mutual forgiveness within the fractured relationship. *Psychotherapy* 27:219-223

127. Zilbergeld B. (1983) *The Shrinking of America.* Little, Brown & Co., Boston und Toronto.

128. Zilbergeld B. and Evans M. (1980) The inadequacy of Masters and Johnson. *Psychology today,* August 1980, 29-43.

Fremdwörterverzeichnis

adäquat	angepaßt, ausreichend, entsprechend
Akronym	Kurzwort, das aus den Anfangsbuchstaben mehrerer Worte besteht (z.B. YAVIS, Kapitel 11)
Alltagspathologie	Die kleineren Fehlhaltungen und Fehlentwicklungen des Alltags, die das Leben nicht in gleichem Maße einschränken wie eine psychische Krankheit im engeren Sinne.
ambivalent	zwischen zwei Strebungen hin- und hergezogen sein
Ambivalenz	Zwiespältigkeit, innere Zerrissenheit
Anamnese	Krankheitsgeschichte
Anorexie	Magersucht
areligiös	nicht-religiös
Bibelexegese	Bibel-Auslegung
charismatisch	Betonung des Glaubens auf dem Heiligen Geist, starken persönlichen Gefühlen und direkter Offenbarung Gottes in der Prophetie und im persönlichen Empfinden. Dabei sind vielfältige Schattierungen möglich.
Coping	Bewältigungsmöglichkeiten
Dynamik	Gesamtheit der inneren und äußeren Abläufe (Impulse, Gefühle, Strebungen, aber auch Beziehungen und Reaktionen), die ein Geschehen bestimmen.
dysfunktional	nicht der eigentlichen Bestimmung (Funktion) entsprechend, nicht hilfreich
ejaculatio praecox	vorzeitiger Samenerguß
empirische Forschung	Erforschung durch Experiment und Beobachtung
explizit	ausdrücklich
extrinsischer Glaube	äußerliche Anpassung an den Glauben ohne innere Überzeugung
Frigidität	mangelndes sexuelles Erleben bei der Frau
Frustration	Enttäuschung, Versagung eines Wunsches
Ich-Ideal	die Ideale, die einen Menschen leiten.

Identifizierung	sich als ähnlich wie ein anderer empfinden
implizit	unausgesprochen miteingeschlossen
Impotenz	mangelnde sexuelle Leistungsfähigkeit beim Mann
Individualbiographie	Lebenslauf des einzelnen
Individuation	Verselbständigung
interaktiv	im Austausch stehend
intrinsischer Glaube	verinnerlichter, aus tiefer Überzeugung kommender Glaube
intuitiv-projektiver Glaube	ein Glaube, der stark auf Gefühle abstützt und dazu neigt, eigene Wünsche und Vorstellungen auf andere bzw. die Außenwelt zu verlagern.
Kausalattribution	Zuschreibung einer Ursache
Kausalität	Zusammenhang von Ursache und Wirkung
kognitiv	Denkvorgänge betreffend
konform	angepaßt
Loyalität	Treue, Verbindlichkeit, Verläßlichkeit
Melancholiker	Mensch, der zu Traurigkeit neigt
monokausal	nur eine Ursache wird berücksichtigt
morbid	krankhaft
multidimensional	vielschichtig
multifaktoriell	durch vielfältige Ursachen oder Einflüsse bedingt
Neurose	vgl. Definition in Kapitel 4.
Ödipuskomplex	Die Gefühle von Liebe und Haß, die ein Kind im Rahmen seiner vielfältigen Gefühlswelt gegenüber seinen Eltern empfindet; speziell die Phase, wo ein Junge die Mutter liebt und den Vater als Rivalen erlebt (in Anlehnung an eine alte griechische Sage)
pathologisieren	als krankhaft bezeichnen
pauschalisierend	verallgemeinernd
peri-koital	im Umfeld des Geschlechtsverkehrs
permissiv	zulassend (speziell im Bereich der Sexualität)
Projektion	Eigene Fehler, Ängste und Wünsche werden anderen Menschen zugeschrieben. Beispiele vgl. Kapitel 10
Psychopathia sexualis	sexuelle Abartigkeit
psychosomatisch	Seele und Leib betreffend
psychosozial	Seele und gesellschaftliches Umfeld betreffend
Religionspädagogik	Wissenschaft, die sich besonders mit religiösen Fragen in der Erziehung beschäfigt
säkular	weltlich
selektiv	ausgewählt
simplistisch	unzulässig vereinfacht
Skrupulosität	zwanghafte Zweifelsucht

spirituelle Ressourcen	geistliche Kraftquellen
Stressor	Belastungsfaktor
Sublimation	Ersetzen eines »niedrigen« (z.B. sexuellen oder aggressiven) Wunsches durch eine »höhere«, geachtetere Tätigkeit
Symptom	Anzeichen, Auswirkung einer Krankheit
Syndrom	Sammelbegriff für eine Gruppe von mehreren Symptomen, z.B. Angstsyndrom
systemisch	Betrachtungsweise, die die Einflüsse des Umfeldes möglichst umfassend zu berücksichtigen sucht und die gegenseitige Beeinflussung (Mitbedingung) betont
Tabuisieren	Verschweigen und Verbieten von unerwünschten, möglicherweise Scham erzeugenden Regungen und Sachverhalten
Trauma	(psychische) Verletzung
triumphalistisch	überheblich, unrealistisch triumphierend
Über-Ich	Psychoanalytischer Begriff für diejenigen Werte und Gesetze, die einen Menschen leiten, oft synonym mit Gewissen. Das Über-Ich stellt einerseits die Gesetze auf, andererseits wirkt es (unbewußt) auch als Richter der Gedanken
universell	umfassend
vegetative Beschwerden	Beschwerden von seiten des unwillkürlichen Nervensystems (Herz, Kreislauf, Verdauungsorgane, Harn- und Sexualorgane)
verballhornen	entstellen, entfremden
Vulnerabilität	(psychische) Verletzlichkeit im Sinne einer verminderten Belastbarkeit sensibler Menschen, vgl. Kapitel 5

Stichwortverzeichnis

Samuel Pfeifer (Hrsg.)
Seelsorge und Psychotherapie
Chancen und Grenzen der Integration
Paperback, 280 Seiten
ISBN 3-87067-414-8

Das Spannungsfeld von Seelsorge und Psychotherapie hat in den 100 Jahren seit dem Aufkommen der Psychoanalyse nichts von seiner Aktualität eingebüßt. Es begegnet uns immer wieder die Frage nach dem Selbstverständnis der Seelsorge in ihrer Abgrenzung von der Psychotherapie. Begibt sich die Seelsorge in die Abhängigkeit der herrschenden Vorstellung über helfende Beratung, so stellt sich die Frage nach ihrer Existenzberechtigung angesichts der Vielzahl psychotherapeutischer Angebote. Grenzt sie sich zu sehr ab, so steht sie in der Gefahr, sich auf eine weltfremde und wenig hilfreiche Verkündigung zurückzuziehen.

Aus dieser Erkenntnis heraus äußern sich in diesem Band elf in der Seelsorge führende Ärzte, Theologen und Therapeuten. Es wird eine Vielzahl unterschiedlicher Modelle vorgestellt, die dem Leser einen interessanten Überblick über das Spektrum christlicher Seelsorge gewähren.

Mit Beiträgen von Rudolf Bohren, Hans F. Bürki, Michael Dieterich, Manfred Engeli, Horst-Klaus Hofmann, Peter Hübner, Werner Jentsch, Heinrich von Knorre, Samuel Pfeifer, Reinhold Ruthe und Erwin Scharrer.

Brendow Buch Kunst Verlag

Reinhold Ruthe
Unter Mitarbeit von Lydia Ruthe-Preiss

Typen und Temperamente
Die vier Persönlichkeitsstrukturen

Mit umfassendem Persönlichkeitstest
Paperback, ca. 180 Seiten
ISBN 3-87067-516-0

Wer sind Sie? Was ist Ihr Selbstbild? Kennen Sie den Schlüssel zu den wesentlichen Eigenarten Ihrer Persönlichkeit?

Jeder Mensch ist einmalig, einzigartig und spiegelt doch zugleich auch einen bestimmten Typ und damit eine bestimmte Persönlichkeitsstruktur wider. Dieses Buch hilft, Stärken und Schwächen zu entdecken, Gaben und Fähigkeiten zu durchschauen. Ein ausführlicher Testteil mit etwa 160 Fragen verhilft jedem zu seinem eigenen Persönlichkeitsprofil.

Ein Buch, in dem sich jeder Mensch, ob jung oder alt, mit seinen eigenen Arbeitsstörungen, Beziehungsschwierigkeiten und Glaubensproblemen wiederfindet und besser kennenlernt. Darüberhinaus ist es eine Arbeitshilfe für Erzieher, Lehrer und Seelsorger, die täglich mit Menschen und ihren Problemen konfrontiert werden.

Brendow Buch Kunst Verlag